Mein Outdoor ABENTEUER-BUCH

Spannung, Spiele & geheime Tricks

INHALT

6   Wichtige Vorbereitungen

Bevor du in dein Outdoor-Abenteuer startest, musst du dich gut vorbereiten. Lies in diesem Kapitel gleich einmal nach, was alles in deinen Rucksack muss, und lerne, wie du dich mit Karte und Kompass, aber auch anhand der Sterne und der Sonne in der Natur orientieren kannst. Außerdem erfährst du, wie du ohne Maßband messen kannst, welche Knoten du können solltest und wie sie funktionieren. Die kleine Wetterkunde hilft dir, das Wetter und Wetterveränderungen besser einzuschätzen, damit du dein Abenteuer besser planen kannst.

22   Der richtige Lagerplatz

Wenn du länger unterwegs bist, brauchst du einen geeigneten Lagerplatz. Wie du diesen findest und worauf du dabei achten musst, erfährst du in diesem Kapitel. Wenn dir dein Zelt zu langweilig ist und du wissen willst, wie man ein Tipi baut oder auf die Schnelle einen Unterstand, dann lies am besten gleich weiter. Außerdem bekommst du viele Tipps für deine erste Übernachtung im Freien.

36   Wasser und Nahrung finden und zubereiten

Zu einem Outdoor-Abenteuer gehört es auch, sich selbst mit Wasser und Nahrung zu versorgen. Auf den folgenden Seiten lernst du, wo du Wasser finden kannst und wie du es sammelst, wie man ein Feuer macht, wie du Fische fängst, welche Pflanzen essbar sind und was sich daraus zubereiten lässt. Präge dir außerdem gut ein, welche Pflanzen giftig und ungenießbar sind. Dann steht deinem Grill- und Kochspaß im Freien nichts mehr im Wege!

52   Geocaching

Hast du schon mal von Geocaching gehört? Wenn du mehr über die spannende Schatz-suche mit GPS wissen willst, dann bist du hier richtig. Erfahre, wie Geocaching funktioniert und was du dafür brauchst, damit du schon in Kürze selbst auf Schatzsuche gehen kannst.

3

Vorwort an die Eltern

Die Welt und die Natur entdecken, erleben, was sich in ihr verbirgt, Zusammenhänge verstehen, neue Erfahrungen und Erkenntnisse sammeln. All das begeistert Kinder und ist wichtig für sie. Zur gesunden Entwicklung von Kindern gehört es, dass sie die Welt auf ihre Weise entdecken wollen. Durch Ausprobieren und Begreifen lernen sie am besten. Unterstützen Sie Ihr Kind bei diesem Entdeckungs- und Lernprozess und ermutigen Sie es, aktiv zu sein. Entdeckungstouren und Exkursionen in der freien Natur wecken nicht nur die Vorfreude auf Abenteuer, sondern auch den Forschergeist.

Dieses Buch zeigt Ihrem Kind, welche spannenden Abenteuer draußen warten und wie es sich darauf vorbereitet. Ganz gleich, wie lange die Expedition dauert, müssen dabei einige grundlegende Dinge beachtet werden – von der Ausrüstung bis hin zum richtigen Verhalten in gefährlichen Situationen. Besprechen Sie die Tour mit Ihrem Kind rechtzeitig und ganz genau, klären Sie im Vorfeld die Route und das Ziel bzw. den Aufenthaltsort sowie Risiken und Gefahren. Bleiben Sie mit Ihrem Kind stets in Kontakt und unterstützen Sie es bei schwierigen Aktionen. Begleiten Sie es oder bitten Sie einen anderen Erwachsenen um die Beaufsichtigung.

Bitte beachten Sie auch die Warnhinweise in diesem Buch. Immer wenn Sie dieses Zeichen sehen, sollten Sie die im jeweiligen Kasten beschriebenen Gefahren und Verhaltensregeln besonders gut mit Ihrem Kind besprechen. Denn je aufmerksamer und überlegter es sich bei seinem Streifzug durch die Natur verhält, umso sicherer wird es sich fühlen und sein Outdoor-Abenteuer als besonders spannend erleben.

Hinweise:

Alle Ratschläge in diesem Buch sind von der Autorin und vom Verlag sorgfältig erwogen und geprüft worden. Dennoch kann eine Garantie nicht übernommen werden. Eine Haftung des Verlages für Personen-, Sach- und Vermögensschäden ist ausgeschlossen.

Autorin und Verlag erklären ausdrücklich, dass sie trotz sorgfältiger Prüfung keinen Einfluss auf Gestaltung und Inhalt der im Buch genannten Websites haben. Deshalb distanzieren sich Autorin und Verlag hiermit ausdrücklich von den Inhalten aller Seiten und machen sich die Inhalte der Seiten nicht zu eigen. Dieser Hinweis gilt für alle Websites, die in diesem Buch aufgeführt sind.

Vorwort an alle jungen Abenteurer

Bist du bereit für spannende Abenteuer? Möchtest du die Natur erforschen und aufregende Dinge entdecken und erleben? Dann nichts wie raus aus dem Zimmer – starte deine Expedition ins Grüne! Dieses Outdoor-Abenteuerbuch zeigt dir, wie du dich in der freien Natur orientierst. Du lernst wichtige Knoten, baust dir dein eigenes Tipi und erhältst jede Menge Insidertipps zur Spurensuche und zum Umgang mit gefährlichen Situationen. Abenteuer lauern übrigens fast überall: im Zeltlager, bei der Sonntagswanderung durch den Wald oder auch im eigenen Garten. Egal ob du nur eine Stunde unterwegs bist oder eine längere Expedition planst – nimm dein Abenteuerbuch am besten mit, denn nur wer sich gut auskennt, weiß, was zu tun ist.

Viel Spaß dabei!

Denk dran!

Besprich dein Outdoor-Abenteuer auf jeden Fall mit deinen Eltern. Bevor es losgeht, müssen sie dir die Erlaubnis dazu geben. In der freien Natur bist du auf eigene Gefahr und auf eigene Verantwortung unterwegs.

WICHTIGE VORBEREITUNGEN

Bevor es losgeht

Sicher möchtest du sofort starten und dich in aufregende Outdoor-Abenteuer stürzen. Hab trotzdem noch einen Moment Geduld, denn bevor es losgeht, musst du deine Expedition in die freie Natur gut vorbereiten. Eine genaue Planung gehört unbedingt dazu, um bei der Tour richtig viel Spaß zu haben und gleichzeitig vor unangenehmen Überraschungen geschützt zu sein.

Die richtige Kleidung und die Ausrüstung sind sehr wichtig. Leg dir vor dem Start eine Liste von den Dingen an, die du mitnehmen möchtest. Du kannst dich an unserer Checkliste orientieren, die alles Notwendige enthält, was du brauchst. Füg deine persönlichen Dinge nach Belieben hinzu, aber pass auf, dass dein Rucksack nicht zu voll wird. Schließlich musst du ihn immer auf dem Rücken mittragen, da willst du sicher nicht so schwer schleppen.

Was du unbedingt beachten musst

✗ Starte nicht allein ins Outdoor-Abenteuer. Am besten erlebst du es in einer kleinen Gruppe. Mit Gleichgesinnten macht dein Ausflug in die Wildnis sowieso viel mehr Spaß, als wenn du allein losziehst.

✗ Sag auf jeden Fall deinen Eltern Bescheid, wohin du gehst und wie lange du fortbleibst.

✗ Nimm ein Handy mit, damit du erreichbar bist oder im Notfall selbst Hilfe holen kannst.

✗ Starte nur dann, wenn du dich gesund und fit fühlst. Hast du eine gute Kondition?

✗ Lass vorher deinen Tetanus-Schutz überprüfen, denn auch Abenteurer können sich verletzen.

Die richtige Grundausrüstung für Abenteurer

Welche Kleidung du brauchst, hängt auch von der Jahreszeit ab. Am meisten Spaß macht eine Entdeckungstour übrigens im Frühjahr oder im Frühsommer, wenn es nicht ganz so heiß ist. Schau dir vorher den Wetterbericht an, dann kannst du abschätzen, was du alles mitnehmen musst.

Die Ausrüstung richtet sich auch nach dem Abenteuer, das du planst. Für eine Wanderung in den Bergen brauchst du feste Schuhe und warme Kleidung. Für eine Floßfahrt oder einen Trip ans Meer planst du anders als für eine Tour im Wald. Und es hängt natürlich auch davon ab, ob du nur eine Tagestour oder eine längere Expedition machst. Am besten ist es, du ziehst unterwegs mehrere Kleidungsstücke übereinander an. So bist du für jede Witterung passend gerüstet.

Tipps zum Rucksackpacken

X Schweres kommt nach unten und nah an den Rücken. Leichte Sachen nach oben und mehr nach außen. Was du häufig brauchst, pack in die Seitentaschen.

X Mach einen Probegang: Bevor du in die Natur gehst, setz dir deinen gepackten Rucksack auf den Rücken und wandere mindestens 10 Minuten damit umher. Schaffst du das Gewicht locker oder scheuert dir der Rucksack jetzt schon an den Schultern? Falls ja, schau nach, ob du ein paar Dinge wieder auspacken kannst.

X Nimm nichts Überflüssiges mit auf deine Tour.

Die folgenden Dinge gehören zu deiner Outdoor-Grundausstattung

X passende Bekleidung, wichtig sind eine regendichte Jacke, Regenhose und wetterfeste Schuhe

X Rucksack: In den kannst du alles hineinpacken

X Proviant und genügend Trinkwasser in einer Trinkflasche (nimm keinen Proviant mit, der leicht verdirbt. Nichts, was matschen kann, wie Bananen oder Trauben. Und pack keine Schokolade ein, sie schmilzt bei Wärme)

X Erste-Hilfe-Box mit Pflastern, Verbandsmaterial, Sicherheitsnadeln, Desinfektionsmittel

X Handy und für den Notfall ein wenig Geld

X Wanderkarte und Kompass

X Taschenmesser (schau dir dazu die Anleitung auf Seite 9 an)

X Taschenlampe, Trillerpfeife (damit du dich im Notfall bemerkbar machen kannst)

X Fernglas, Streichhölzer, eine Kerze

X Seil, Nylonschnur, eine größere Plastikfolie (das kann alles unterwegs nützlich sein)

X ein Kärtchen mit deinem Namen, deiner Adresse und Telefonnummer

X Armbanduhr, Zettel und Stift

X Sonnencreme, Insektenschutz, Sonnenkappe

Für längere Touren

X Isomatte, Schlafsack (schau, dass er für die entsprechenden Temperaturen geeignet ist)

X Decke, Rettungsdecke

X Impfpass

X Kochgeschirr, Teller, Tassen und Besteck

X Handtuch, Zahnbürste, Zahnpasta, Seife, Shampoo, Klopapier, Müllbeutel, Taschentücher

X kleine Schaufel

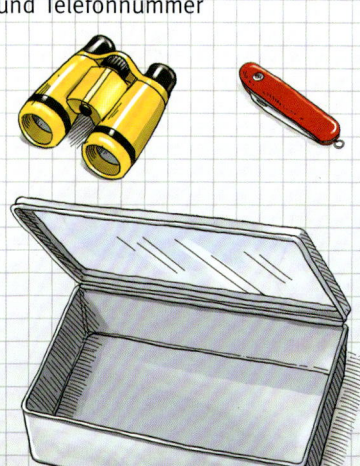

Ab in die Natur – aber achte sie

Raus in die Natur! Sei kein Stubenhocker, starte los ins Abenteuer. Beachte dabei ein paar Grundregeln. Schließlich ist der Mensch ein Teil der Natur, deshalb müssen wir gut auf sie aufpassen und sie schützen. Wir dürfen die Natur genießen und Spaß haben, aber wir dürfen Pflanzen und andere Lebewesen dabei nicht schädigen. Schließlich können wir ohne die Natur nicht leben.

Was du unbedingt beachten musst

X **Bleib möglichst auf den Wegen und gehe nicht querfeldein. Das gilt nicht nur im Wald, sondern besonders auch im Gebirge.**

X **Verhalte dich im Wald leise. Es gibt viele Tiere, die keinen Lärm mögen. Wenn du leise und aufmerksam bist, hörst du Tierstimmen viel besser und entdeckst scheue Tiere.**

X **Sammle deinen Müll in einer Tüte und nimm alles wieder mit nach Hause. Wirf keinen Müll in die Natur!**

X **Zerstöre keine Pflanzen, Insekten oder Tiernester. Pflücke nur so viele Früchte oder Beeren ab, wie du gerade brauchst.**

X **Du darfst in der freien Natur kein offenes Feuer anzünden, außer an dafür vorgesehenen Plätzen. Benutze, soweit es geht, bereits angelegte Feuerstellen.**

So schärfst du dein Taschenmesser richtig

Ein Taschenmesser leistet dir in der Natur gute Dienste. Aber ein stumpfes Taschenmesser ist nicht nur nutzlos, sondern auch gefährlich. Man kann damit sehr leicht abrutschen. Nimm dir zum Schärfen einen Wetzstein und befeuchte ihn mit etwas Spucke. Dann streichst du abwechselnd mit beiden Klingenseiten über den Stein, und zwar so lange, bis die Klinge wieder scharf ist. Am besten lässt du dir dabei von einem Erwachsenen helfen.

9

Orientierung in der Natur

In der freien Natur ist die Orientierung sehr wichtig. Schließlich willst du dich bei deinem Outdoor-Abenteuer nicht verlaufen. Nimm auf jeden Fall eine aktuelle Wanderkarte der Umgebung mit, auch ein Kompass ist sehr nützlich.

Umgang mit Karte und Kompass

Wenn du die Karte so hältst, dass du die Schrift richtig lesen kannst, ist oben immer Norden. Besorge dir am besten eine topografische Wanderkarte mit einem Maßstab von ungefähr 1:50.000. Das heißt, 1 cm auf der Karte entspricht 50.000 cm (also 500 m) in der Natur. Solch eine Karte bildet alles sehr genau ab. Auf ihr sind nicht nur die Wege eingezeichnet, sondern auch Wälder, Bäche, Seen und zum Teil auch einzelne Häuser. Wenn du in einer Landschaft deine Position bestimmst, dann suche dir zuerst einen markanten Orientierungspunkt, z. B. einen Bach, einen Hügel oder einen Kirchturm. Anhand der Höhenlinien auf der Karte kannst du feststellen, ob das Gelände hügelig ist oder flach.

Was du unbedingt beachten musst

- Liegen die Höhenlinien eng beieinander, dann wird es steil und der Weg kann anstrengend werden. Liegen die Höhenlinien dagegen weit auseinander, ist das Gelände eher flach und du kannst das Ganze locker angehen.

- Eine Kompassnadel zeigt auf unserer Erdhalbkugel immer nach Norden. So kannst du dich nachts, oder auch tagsüber bei schlechter Sicht, z. B. bei Nebel, gut mit einem Kompass orientieren.

- Leg den Kompass flach auf den Boden und warte ab, bis die Nadel stillsteht. Sie zeigt jetzt nach Norden. Dann legst du deine Wanderkarte daneben, ebenfalls mit dem Norden nach oben. Markiere jetzt auf deiner Karte deinen Standort. Schau dir die Wege an. Nun weißt du, wohin du gehen musst.

Achtung!

Übe zu Hause den Umgang mit Kompass und Karte, bevor du raus in die Wildnis gehst. Schau dir auch die Legende auf der Karte an, in der alle Zeichen erklärt werden. Lass dir von deinen Eltern zeigen, wie alles genau funktioniert.

Orientierung an den Sternen

Bei klarem Nachthimmel orientiere dich anhand der Sterne. Suche zuerst den Großen Wagen (wird auch Großer Bär genannt), ein auffälliges Sternbild, das aus sieben Sternen besteht. Die beiden letzten Sterne im Großen Wagen weisen in Richtung Polarstern. Das ist ein heller Stern, der immer im Norden steht. Der Polarstern gehört übrigens zum Sternbild Kleiner Bär, auch Kleiner Wagen genannt.

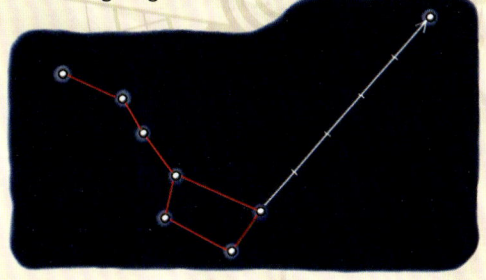

Orientierung mit der Armbanduhr

1. Richte den kleinen Zeiger nach der Sonne aus.
2. Den Winkel zwischen Stundenzeiger und 12 Uhr halbieren. Die Mitte zwischen Stundenzeiger und der 12 zeigt dann genau nach Süden. Benutze hierfür immer den kleineren Winkel zwischen dem Stundenzeiger und der 12.

So baust du dir einen Kompass

1. Fülle ein Gefäß mit Wasser.
2. Leg ein Papier oder besser noch ein Stück Styropor aufs Wasser.
3. Darauf platzierst du nun eine Nadel (Nadeln sind immer leicht magnetisch!)
4. Warte ab, bis die Nadel nach Norden zeigt. Das kann einige Minuten dauern.

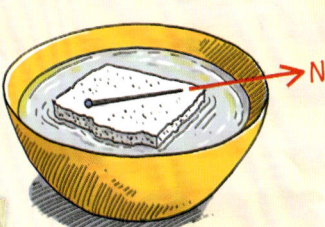

Denk dran!

Schau niemals direkt in die Sonne! Auch nicht mit einer Sonnenbrille.

Die Zeichen der Natur deuten

Orientiere dich mithilfe von Tieren und Pflanzen in der
Natur. So haben einzeln stehende Bäume häufig eine
Wetterseite. Das ist die Seite am Baumstamm, die dem
Wetter am meisten ausgesetzt ist. Die Wetterseite ist
häufig grün und mit Moos bewachsen. Bei uns in
Mittel- und Westeuropa kommt der Regen meist aus
Nordwesten. Von daher verweist die Wetterseite des
Baums in die Richtung Nordwest.

Übrigens: Wusstest du schon, dass Waldameisen
ihre Ameisenhügel gern an der Südseite eines
Baums errichten? So können sie besonders gut
die Sonnenwärme nutzen.

Wie kannst du im Freien eine Entfernung abschätzen?

Manchmal ist es für deine Orientierung nützlich, die Entfernung zwischen dir und deinem
Ziel abschätzen zu können. Benutze hierfür den Daumensprung:

1. Du streckst einen Arm aus, schließt die Hand zu einer Faust und streckst den Daumen
   hoch.

2. Schließe ein Auge (du kannst es auch mit einer Hand zuhalten) und schau dann am
   Daumen vorbei auf eine Kante deines Ziels.

3. Jetzt schließe das offene Auge und öffne dafür das andere. Obwohl du den Daumen
   nicht bewegt hast, ist er scheinbar ein Stück zur Seite gesprungen.

4. Schätze den Abstand zwischen den beiden Daumen im Verhältnis zur Größe deines
   Ziels, z. B. 1 m.

5. Diesen Abstand multipliziere mit 10 (in unserem Fall also 1 m · 10 = 10 m). Das ist die
   Entfernung, die du ungefähr noch von deinem Ziel entfernt bist.

Wir bauen eine Sonnenuhr

Wenn die Sonne scheint, dann bau dir doch einfach mal eine Sonnenuhr. Anhand der Stellung der Sonne kannst du die Tageszeit bestimmen. Für den Bau der Sonnenuhr brauchst du aber erst mal deine Armbanduhr.

1. Stecke an einer sonnigen flachen Stelle einen Stock in den Boden.

2. Markiere die Stelle, an der der Schatten des Stocks auf den Boden fällt, und merke dir die Uhrzeit. Das geht leichter, wenn du vorher ein großes Blatt Papier auf den Boden gelegt hast, denn dann kannst du den Schatten besser erkennen. Zur Not geht es aber auch ohne Papier.

3. Wiederhole die Messung jede halbe Stunde.

4. Suche den Schattenpunkt, der dem Fußpunkt des Stocks am nächsten liegt, und verbinde die beiden Punkte. Diese Linie zeigt nach Süden.

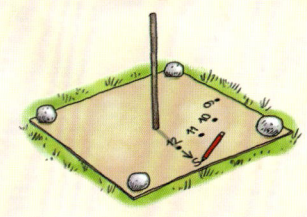

Steht die Sonne genau im Süden, ist es 12 Uhr mittags. Nur wenn wir Sommerzeit haben, dann stellen wir unsere Uhren um eine Stunde vor. Dann ist es statt 12 bereits 13 Uhr.

Deine Sonnenuhr kannst du das ganze Jahr über an Tagen, wenn die Sonne scheint, benutzen. Allerdings wird es sehr aufwendig, eine minutengenaue Sonnenuhr zu bauen. Dafür müsste man richtig viel Mathe einsetzen. Die beschriebene Sonnenuhr geht höchstens eine Viertelstunde genau. Das hängt damit zusammen, dass sich der Schatten, den sie wirft, jeden Tag ein wenig verändert. Je nach Datum wandert der Schatten verschieden schnell. Bis zum Sommeranfang, dem 21.6. (Sommersonnenwende), nimmt die Größe des Schattens zu und danach wieder ab. Ein Problem ist auch, dass wir zwar in Mitteleuropa überall dieselbe Uhrzeit haben, die Sonne aber nicht an jedem Ort zur selben Zeit aufgeht. Je weiter ein Ort im Osten liegt, desto früher geht dort die Sonne auf. Das müsste man in eine minutengenaue Sonnenuhr einberechnen.

Merke dir

Im Osten geht die Sonne auf, im Süden nimmt sie ihren Lauf,
im Westen wird sie untergehn, im Norden ist sie nie zu sehn.

Ohne Maßband messen

Wenn du keinen Zollstock oder kein Maßband hast,
nutze als Maßstab doch einfach deinen Körper.
Miss ihn vorher einmal aus. Dann hast du immer dein
ganz persönliches Maßband dabei.

X Miss deine Schrittlänge.

X Spreize Daumen und Zeigefinger und miss
die Entfernung zwischen beiden Fingern.

X Miss deinen ausgestreckten Arm.

Meine Maße

Länge ausgestreckter Arm: _____

Schrittlänge: _____

Entfernung zwischen Daumen- und Zeigefingerspitze: _____

Bestimmen, wie hoch ein Baum ist

Hast du eine Idee, wie du vom Boden aus die Höhe eines Baums bestimmen kannst, ohne hochzuklettern? Es gibt mehrere Möglichkeiten.

Mithilfe eines Bleistifts

1. Nimm einen Bleistift in die Hand und strecke den Arm aus.
2. Peile über die Bleistiftspitze hinweg den Wipfel an.
3. Mit dem Daumen markierst du die Baumwurzeln.
4. Drehe die Hand um 45° nach rechts oder links. Der Arm bleibt ausgestreckt.
5. Visiere über die Spitze vom Bleistift eine neue Stelle A am Boden an.
6. Miss die Entfernung zwischen dem Baum und A mit einem Maßband.

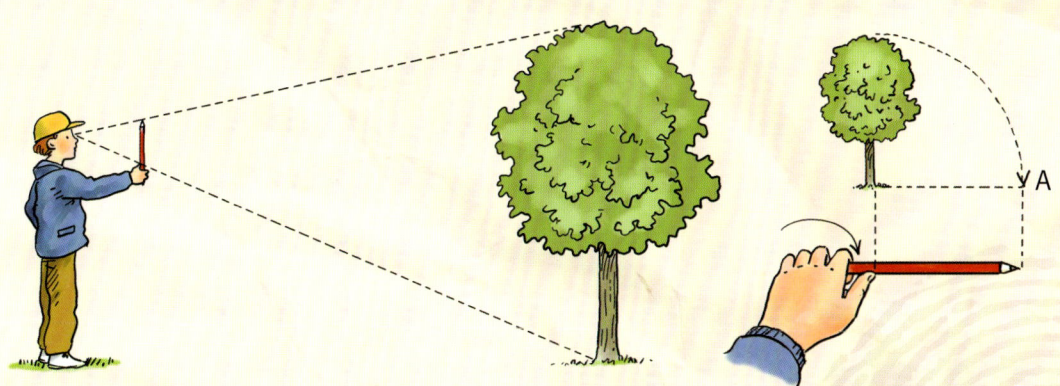

Mit dem Baumschatten

1. Miss die Länge des Baumschattens in Metern aus.
2. Jetzt brauchst du einen Vergleichspunkt. Nimm dir hierfür einen Stab von 1,1 m Länge und steck ihn in die Erde. Miss die Länge des Stabschattens in Metern aus.
3. Berechne nun die Höhe des Baums. Hierfür teilst du die Schattenlänge des Baums durch die Schattenlänge des Stabs.

Beispiel: Der Baumschatten ist 27 m lang, und der Stabschatten hat eine Länge von 90 cm (0,9 m). Also rechnest du: 27 : 0,9 = 30. Der Baum ist also 30 m hoch.

Wichtige Knoten, die du können solltest

Du machst vermutlich täglich deine Schnürsenkel mit einem Knoten zu. Dieser Knoten nennt sich Einfacher Schlag. Für dein Outdoor-Abenteuer eignen sich aber noch andere Knoten, die nicht so locker sind wie der Einfache Schlag und dadurch besser halten. Die besten Knoten sind die, die einfach zu knüpfen sind, gut halten, sich aber trotzdem leicht wieder lösen lassen. Du kannst sie nutzen, wenn du einen Unterschlupf baust oder eine Hängematte aufhängen willst. Manchmal kann der richtige Knoten sogar Leben retten. Hier findest du die wichtigsten Knoten.

1. Palstek

Der Palstek gilt als der König unter den Knoten. Er ergibt eine Schlinge zur Befestigung, z. B. zum Hochziehen von Lasten. Er zieht sich nicht zu, du musst also vorher wissen, welche Größe er ungefähr haben soll. Du kannst diesen Knoten für Schlingen aller Größen einsetzen. Mit dem Palstek werden auch Schiffe im Hafen vertäut. Er wird außerdem zur Rettung von Menschen aus Gefahren eingesetzt und nennt sich deshalb auch Rettungsschlinge oder Feuerwehrrettungsknoten. Du kannst den Palstek zusätzlich mit einem Endknoten sichern, wie dem Achterknoten (siehe Punkt 6).
So funktioniert er:

2. Doppelter Palstek

Ist die Belastung am Seil größer, dann benutze den doppelten Palstek. Mit ihm kannst du dich in Sitzhaltung abseilen.

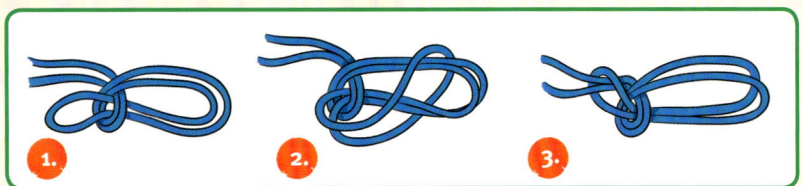

3. Kreuzknoten

Mit dem Kreuzknoten (er wird auch Doppelknoten, Weberknoten oder Samariterknoten genannt) verbindest du zwei Seile miteinander. Man kann diesen Knoten gut für den Einsatz im Wasser nutzen, denn er ist auch nass leicht wieder lösbar. Er ist allerdings bei Weitem nicht so sicher wie der Palstek und darf nicht zu stark belastet werden.
So funktioniert er:

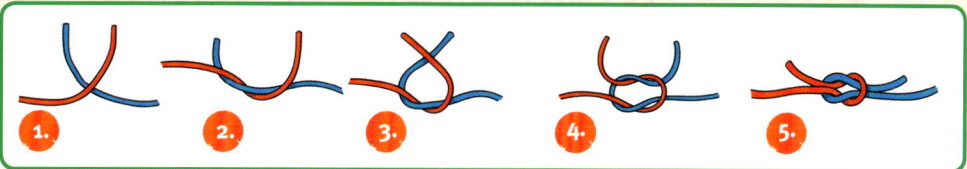

Beachte: Der Kreuzknoten löst sich recht schnell wieder auf. Er darf niemals zur Sicherung benutzt werden!

4. Schotstek

Er ist besser für größere Belastungen geeignet als der Kreuzknoten und auch für den Einsatz im Wasser nutzbar. So funktioniert er:

5. Rundtörn (mit zwei halben Schlägen)

Wenn du eine Hängematte befestigen möchtest, dann benutzt du am besten diesen Knoten. So funktioniert er:

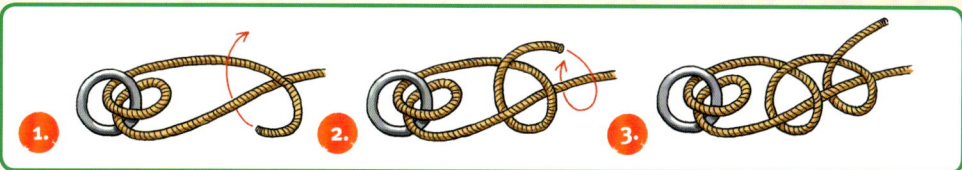

6. Achterknoten

Der Achterknoten zählt zu den Stopperknoten. Mit ihm kannst du verhindern, dass ein Band durch eine Öse rutscht. So funktioniert er:

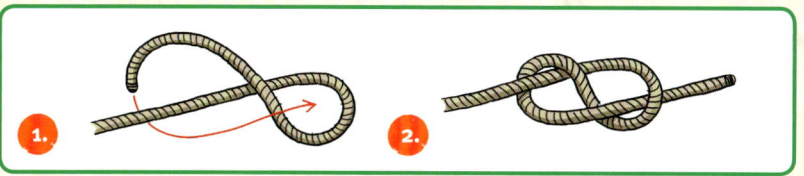

Kleine Wetterkunde

Behalte in der Natur immer das Wetter im Auge. Achte schon vor dem Starten darauf, wie das Wetter wird, damit du die richtige Kleidung einpackst. Vorher kannst du dir zu Hause im Fernseher den Wetterbericht ansehen. Unterwegs hast du dann zwar keinen Fernseher, aber du kannst dich für deinen „aktuellen Wetterbericht" an den Wolken orientieren. Schau zu den Wolken und schätze ab, wie das Wetter in den nächsten Stunden wird.

Was sagen dir die Wolken?

Es gibt ganz verschiedene Wolken. Wenn du die Haufenwolken siehst, die **Cumuluswolken,** dann ist erst einmal schönes Wetter angesagt. Meist lösen sich die Wolken später wieder auf, und du kannst deine Tour sicher den ganzen Tag bei schönem Wetter genießen.

Tauchen die ersten Schleierwolken auf **(Cirrus),** dann wird das Wetter vermutlich schlechter. Aber das geht langsam. Beobachte die Wolken in der nächsten Zeit. Erst wenn sie dichter werden, könnte es bald zu regnen anfangen.

Tauchen Schichtwolken **(Stratus)** auf, die sich wie eine graue Decke über den Himmel ausbreiten, dann regnet es sicher bald. Und dieser Regen kann eine ganze Weile andauern.

Die typischen Regenwolken **(Nimbostratus)** türmen sich dick und grau am Himmel auf. Sie bringen stärkeren Regen.

Die großen Gewitterwolken **(Cumulonimbus)** sind riesige Wolkentürme, die sehr bedrohlich aussehen können. Sie kündigen Gewitter an. Wenn sie sich am Himmel auftürmen, darfst du dich nicht länger in der freien Natur aufhalten. Gehe so schnell wie möglich zurück nach Hause oder in ein sicheres Gebäude. Lies auf Seite 88 nach, wie du dich bei einem Gewitter richtig verhältst.

Den Wind deuten

Manchmal bestimmt auch der Wind, was du am Tag unternehmen kannst. Ist es windstill, kannst du prima eine Radtour machen. Ist es windig, dann nutze den Wind und lass auf einem freien Feld einen Drachen steigen. Achte immer darauf, ob sich die Windrichtung oder die Windstärke plötzlich ändert. Weht der Wind auf einmal sehr heftig, kündigt sich meist schlechtes Wetter an und du musst dir schnell einen Unterschlupf suchen. Bei starkem Wind musst du den Wald verlassen! Es könnten Äste von den Bäumen abbrechen. Übrigens: Auch die Sonne oder der Mond können dir Wetterveränderungen anzeigen. Manchmal kannst du um Sonne oder Mond einen farbigen Ring sehen, den Hof. Er besteht aus einer feinen Wolkenschicht und kündigt schlechteres Wetter an.

Wie werden Windstärken eingeteilt?

Es gibt Windmesser, sogenannte Anemometer, um die Windgeschwindigkeit zu messen. Ein System, um Windgeschwindigkeiten darzustellen, ist die Beaufort-Skala. Sie unterscheidet zwölf Windstärken:

Windstärke 0	Windstille	unter 1 km/h	Rauch steigt senkrecht empor
Windstärke 1	leiser Zug	1–3 km/h	Rauch zeigt Windrichtung an
Windstärke 2	leichte Brise	6–11 km/h	Wind im Gesicht spürbar, Blätter säuseln
Windstärke 3	schwache Brise	12–19 km/h	Blätter und dünne Zweige bewegen sich dauernd
Windstärke 4	mäßige Brise	20–28 km/h	hebt Staub und loses Papier vom Boden
Windstärke 5	frische Brise	29–38 km/h	kleine Laubbäume schwanken, Schaumkämme auf Seen
Windstärke 6	starker Wind	39–49 km/h	starke Äste in Bewegung, Regenschirm schwer zu benutzen
Windstärke 7	steifer Wind	50–61 km/h	alle Bäume in Bewegung, man spürt den Widerstand beim Gehen
Windstärke 8	stürmischer Wind	62–74 km/h	bricht Äste ab, Gehen wird schwierig
Windstärke 9	Sturm	75–88 km/h	erste Ziegel fallen vom Dach
Windstärke 10	schwerer Sturm	89–102 km/h	Bäume werden entwurzelt, bedeutende Schäden an Häusern
Windstärke 11	orkanartiger Sturm	103–117 km/h	kommt fast nur an der See vor
Windstärke 12	Orkan	über 117 km/h	kommt fast nur an der See vor

Kondensstreifen

Die Kondensstreifen der Flugzeuge geben dir ebenfalls einen Hinweis auf Wetterveränderungen. Kondensstreifen sind echte Wolken. Sie bilden sich, wenn der Wasserdampf aus den Flugzeugtriebwerken kondensiert, d. h. ein gasförmiger Stoff in einen flüssigen Zustand übergeht. Halten sich die Kondensstreifen lange Zeit am Himmel und breiten sie sich aus, so herrscht in den oberen Luftschichten starker Wind. Die Luftfeuchtigkeit steigt und das Wetter wird schlechter. Verschwinden die Kondensstreifen nach kurzer Zeit wieder, bleibt das schöne Wetter.

Veränderungen bei Tieren

Tiere spüren einen Wetterwechsel deutlich früher als wir Menschen. Sie reagieren auf Veränderungen des Lichts, der Feuchtigkeit sowie auf Temperaturveränderungen und auf atmosphärischen Druck. Beobachte ihre Reaktionen.
Wenn das Wetter schlechter wird,

X fliegen die Schwalben tiefer als sonst. Das liegt daran, dass ihre Beute, die Insekten, bei herannahendem Regen in tiefere Luftschichten ausweichen;

X kehren die Bienen in ihre Bienenstöcke zurück;

X werden die Mücken besonders lästig;

X sind Maulwürfe bei heranziehendem Regen besonders eifrig auf der Jagd. Denn dann sind viele Regenwürmer unterwegs, die den Maulwürfen als Beute dienen;

X ziehen sich Hechte bereits einen Tag vorher in tiefere Wasserschichten zurück. Falls du also einmal einen Hecht angeln willst, der zuerst nach deinem Köder schnappt, dann aber plötzlich keinen Hunger mehr hat, wird die Temperatur wahrscheinlich bald sinken.

Veränderungen bei Pflanzen

Pflanzen reagieren besonders auf Lichtveränderungen und auf Änderungen in der Luftfeuchtigkeit. Einige von ihnen, z. B. der Sauerklee und der Löwenzahn, schließen ihre Blüten bei heranziehendem Regen. Sie schützen so ihre Samen vor Nässe. Kleeblätter klappen sich zusammen, und Gänseblümchen bleiben auch tagsüber in Schlafposition.
Es gibt allerdings auch Gewächse, die bei herannahendem Regen ihre Blüten öffnen, wie das Fünffingerkraut.

Zapfen-Hygrometer

Ein Hygrometer misst die Luftfeuchtigkeit. Bau dir dein eigenes Hygrometer ganz einfach aus einem Kiefernzapfen. Zapfen sind gute Wetteranzeiger, da sie auf die Feuchtigkeit in der Luft reagieren.

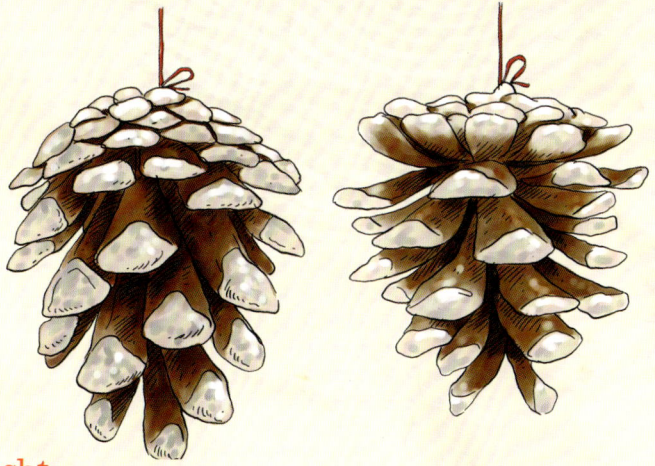

So wird's gemacht

Suche dir im Wald einen Kiefernzapfen und befestige einen Faden an der dickeren Seite des Zapfens. Nun hänge ihn kopfüber und am besten regengeschützt auf. Am Zapfenbarometer kannst du jetzt erkennen, wie das Wetter wird. Bei hoher Feuchtigkeit und erwartetem Regen schließt sich der Zapfen, um die Samen zu schützen. Bei trockener Luft und schönem Wetter öffnet er seine Schuppen. So kann der Wind die Samen davontragen und verbreiten.

DER RICHTIGE LAGERPLATZ

Einen passenden Platz für das Zelt finden

Einen guten Platz für dein Zelt zu finden ist sehr wichtig, schließlich willst du nachts keine unangenehme Überraschung erleben. Sicher möchtest du dein Zelt nicht mit Ameisen teilen, dein Lager soll trocken bleiben, und bequem schlafen willst du auch. Wenn du einen guten Platz gefunden hast, dann

starte ein Probeliegen. Ist der Boden gerade, liegen keine piksenden Steine herum? Bist du genügend weit von Ameisenhaufen und anderen Insektennestern entfernt? Ist der Boden fest genug, um die Heringe für das Zelt einschlagen zu können? Vielleicht probierst du das Zelten erst mal bei euch im Garten aus oder auf einem kleinen Campingplatz, der nicht so überlaufen ist. Wenn du dann Spaß am Zelten gefunden hast, wag dich in die freie Natur hinaus.

Darf man wild zelten?

Das Zelten in der freien Natur ist bei uns selten erlaubt. Aber vielleicht kennst du einen Bauern oder Förster, der dir das Übernachten auf seiner Wiese oder in seinem Waldstück erlaubt? Oder du hast einen Freund oder kennst jemanden in der Nachbarschaft, der einen großen Garten hat. Es gibt viele Möglichkeiten. Hör dich einfach um.

KÄFER

Diese Regeln solltest du bei der Suche nach dem richtigen Lagerplatz beachten

1. Der Boden sollte flach und eben sein.

2. Bau dein Zelt an einer trockenen und windgeschützten Stelle auf.

3. Suche dir einen abgelegenen Platz aus, damit du niemanden störst und selbst nicht gestört wirst.

4. Praktisch ist es, wenn ein kleiner See oder Bach in der Nähe ist. Dort kannst du dich morgens waschen oder vielleicht sogar ein erfrischendes Bad nehmen.

5. Schlage dein Lager nicht direkt unter einem Baum auf, weil du dort von herunterfallenden Ästen oder Zapfen getroffen werden kannst. Ein Baum in der Nähe ist aber ein guter Schattenspender.

6. Wähle keinen Platz dicht an einer Felswand. Hier besteht Steinschlaggefahr! Halte einen Sicherheitsabstand von mindestens 50 m zur Felswand ein.

7. Schau nach, ob du nicht gerade auf einer Ameisenstraße gelandet bist. Die kleinen Tierchen haben Vortritt. Wähle lieber einen anderen Platz.

8. Ein guter Lagerplatz hat nordwestlich einen Windschutz (Bäume oder einen dichten Busch). Bei uns kommen Wind und schlechtes Wetter meist aus Nordwest.

Denk dran!

✗ Übernachte nicht in einer Mulde, sie kann bei einem starken Regenschauer überflutet werden.

✗ Halte Abstand zum Wasser. So gerätst du bei einem Anstieg des Wasserspiegels nicht in Gefahr.

✗ Schau nach, ob keine Wespennester in der Nähe sind.

Wo geht's zur Toilette?

Was passiert eigentlich, wenn du in der freien Natur einmal musst? Wenn du zur Toilette willst, aber gerade keine in der Nähe ist, kannst du dir anders behelfen. Ab und zu mal schnell ins Gebüsch gehen ist sicher kein Problem. Aber wie ist es mit dem großen Geschäft? Am besten gräbst du dir vorher eine kleine Grube und deckst anschließend alles wieder mit Erde zu. So hinterlässt du keine Spuren.

Eine Latrine bauen

Wenn du längere Zeit an einem Ort zeltest und kein stilles Örtchen vorhanden ist, dann leg dir eine Latrine an. Diese Waldtoilette schützt dein Lager vor Krankheitserregern und Insekten.

So wird's gemacht

1. Suche dir eine Stelle aus, die ein Stück von deinem Lager entfernt ist, ungefähr 100 m.
2. Dort gräbst du dann ein ungefähr 60 cm tiefes und 40 cm breites Loch. Praktisch ist es, wenn du die Latrine hinter einem Busch, Strauch oder einem anderen Sichtschutz anlegst.
3. Lass die ausgehobene Erde zunächst liegen und benutze sie nach und nach, um alles wieder zuzudecken.

Denk dran!

Statt Klopapier, das sehr lange braucht, um zu verrotten, benutzt du besser große Blätter oder Moos. Sammle sie vorher ein, damit du sie immer griffbereit hast. Leg dir einfach einen kleinen Vorrat an. Pass aber gut auf, dass du keine giftigen Blätter erwischt. Efeu ist z. B. nicht geeignet.

Den Lagerplatz sauber halten

Halte die Natur sauber! Alles, was du mitbringst, musst du nachher wieder mit nach Hause nehmen – auch deinen Müll. Denk daran, dass du so wenig Spuren wie möglich hinterlässt. Auch deinen Lagerplatz solltest du sauber halten, um die Natur zu schonen und keine Insekten und andere Plagegeister anzuziehen. Achte schon vorher beim Einpacken deines Proviants darauf, dass du möglichst wenige Verpackungen mitnimmst. Je weniger Müll du hast, desto besser. Verstaue Butterbrote und andere Essenssachen, die du von zu Hause mitnimmst, in einer Dose. Die kannst du später wieder mit nach Hause zurücknehmen und hast dann gar keinen Müll.

Lass keine Essensreste draußen herumliegen. Sie locken Ameisen und andere Insekten an. Vergrab Essensreste in der Erde oder packe sie in einen verschließbaren Müllbeutel, den du nachher wieder mitnimmst.

Für dein schmutziges Geschirr holst du dir am besten Wasser in einer Schüssel und spülst es darin. Spüle dein Geschirr nicht direkt im See oder Bach. Wenn das jeder macht, dann tut das den Gewässern gar nicht gut. Ein toller Tipp: Mach einfach so wenig wie möglich schmutzig und iss so viel wie möglich mit den Fingern. Für dich ist das weniger Arbeit und die Natur freut sich.

Die richtige Tarnung

Schau, dass sich dein Lagerplatz gut in die Umgebung einfügt. Schließlich bist du nun ein Teil der Natur, da sollte auch dein Zelt nicht gerade grellbunt sein. Aus einem gut getarnten Zelt kannst du auch viel leichter Tiere beobachten. Bedecke dein Zelt mit Zweigen und Blättern, nimm grüne Folie oder leg ein Tarnnetz darüber. Hast du das Zelt auf dem Foto schon entdeckt? Ziemlich gut getarnt, oder?

Ein Tipi selbst bauen

Es ist wunderbar gemütlich, in einem Tipi zu liegen. Du kannst darin übernachten oder es zum Spielen benutzen. Mach es wie früher die Indianer und bau dir selbst ein solches Zelt. Praktisch an einem Tipi ist, dass du es recht schnell auf- und wieder abbauen kannst, um es zu einem neuen Lagerplatz zu transportieren. Für dein Tipi brauchst du

- fünf bis sechs gerade Äste oder Stangen. Sie sollten ungefähr 2 m lang sein;
- zwei Seile;
- Wäscheklammern;
- ein großes Tuch als Zeltplane.

So wird's gemacht

1. Markiere auf dem Boden einen Kreis von ungefähr 1,5 m Durchmesser.
2. Nun steckst du drei Äste um den Kreis herum schräg in den Boden.
3. Binde die Äste oben mit einem Seil zusammen. Falls du nicht drankommst, lass dir von einem Erwachsenen helfen. Oder du bindest die Äste zunächst auf dem Boden zusammen, stellst sie auf und ziehst sie unten gleichmäßig auseinander.
4. Stelle die übrigen Äste dazu und binde sie mit den bereits aufgestellten zusammen.
5. Leg das Tuch um die Äste und befestige es mit Wäscheklammern. Wenn du es regenfest machen möchtest, nimm dir eine große wetterfeste Plane, die du gut mit Schnüren festknotest.

Schön für den Garten ist ein Tipi aus Weidenstöcken oder Haselnussruten. Du kannst es den ganzen Sommer über benutzen. Besorge dir dafür im Frühjahr lange Ruten. Markiere wieder einen Kreis auf dem Boden und stecke alle 30 bis 50 cm eine Rute schräg in die Erde. Dickere Ruten wachsen übrigens besser an als dünne. Wenn du mit dem Einstecken fertig bist, biegst du die Ruten und bindest sie oben zusammen. Später kannst du die neuen Weidentriebe einflechten, damit dein Tipi schön dicht wird.

RAUPE

Denk dran!

Du musst die Weidenruten gut wässern, damit sie Wurzeln bekommen und nicht vertrocknen. Du kannst sie nach dem Kauf auch erst einmal für eine Weile in einen Eimer mit Wasser stellen und dann bewurzelt einpflanzen. So wachsen die Ruten besser an.

27

Einen Unterstand bauen

Manchmal soll es vielleicht ganz schnell gehen und du hast keine Zeit, ein Tipi aufzubauen. Dann bau dir doch einfach einen Unterstand. Leg dafür eine Plane über ein Seil, das du zwischen zwei Bäume spannst. Oder du legst die Plane über einen etwas dickeren Ast am Baum, der nicht so weit vom Boden entfernt ist. Die Plane kannst du wie ein normales Zelt im Boden mit Heringen befestigen. Oder du beschwerst sie unten mit ein paar dicken Steinen.

Ein Unterschlupf unter Ästen

Gibt es in der Nähe einen Nadelbaum, dessen Äste bis zum Boden reichen? Schlüpf bei Regen unter solch einen Baum. Der Boden unter einem Nadelbaum ist immer schön weich und trocken.

Universaltipp für nasses Wetter

Besorge dir im Möbelhaus oder Baumarkt eine große Plastiktasche. Sie kann dir bei deiner Outdoor-Tour sehr nützlich sein. Du kannst dich damit auf den nassen Waldboden setzen oder Sachen hineinpacken, um sie vor Regen zu schützen. So eine Tasche kannst du für alles Mögliche gebrauchen. Klein zusammengefaltet, nimmt sie im Rucksack kaum Platz weg.

Ein Unterschlupf aus Steinen

Kommst du an mehrere, etwas größere
Steine? Dann bau dir doch einen
Steinunterschlupf. Suche dir eine Senke
im Boden und schichte die Steine an den
beiden Längsseiten wie eine kleine Mauer auf.
Stopf die Zwischenräume mit Zweigen und Blättern aus.
Oben auf die Mauer legst du dann am besten eine
wasserfeste Plane.

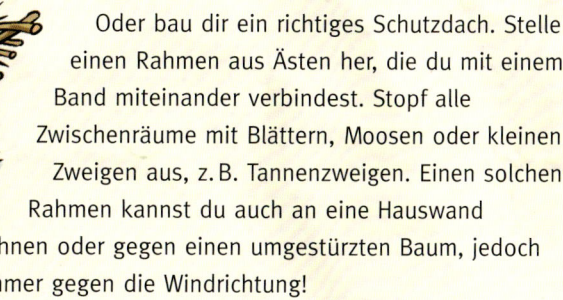

Oder bau dir ein richtiges Schutzdach. Stelle
einen Rahmen aus Ästen her, die du mit einem
Band miteinander verbindest. Stopf alle
Zwischenräume mit Blättern, Moosen oder kleinen
Zweigen aus, z. B. Tannenzweigen. Einen solchen
Rahmen kannst du auch an eine Hauswand
lehnen oder gegen einen umgestürzten Baum, jedoch
immer gegen die Windrichtung!

Ein fertiges Zelt aufbauen

Wenn du keinen Unterstand bauen möchtest, dann nutze ein fertiges Zelt. Besorge dir
hierfür ein normales Zelt mit allen Utensilien, die zum Aufbau nötig sind. Schau in die
Anweisung und lass dir notfalls von einem Erwachsenen helfen. Es gibt verschiedene
Zelttypen in unterschiedlichen Größen, abhängig davon, wie viele Personen sich im Zelt
aufhalten möchten.
Breite zunächst den Teil des Zeltes,
an dem du den Boden erkennst, auf
der Erde aus. Dann richte das Zelt auf,
indem du die Stangen einsetzt. Spanne
den Zeltboden, zieh die Leinen straff
und befestige sie mit Zelthaken
(Heringen) im Boden.

Mach es dir in einer Hängematte gemütlich

Was gibt es Schöneres, als in einer Hängematte zwischen zwei Bäumen zu schaukeln und ein wenig zu träumen? Eine Hängematte ist schnell aufgehängt. Du brauchst zwei Bäume, die nicht so weit auseinanderstehen, oder zwei starke Pfosten. Am besten befestigst du die Hängematte mit einem Rundtörn mit zwei halben Schlägen.
(⟶ Seite 17)

Ein Baumhaus bauen

Um ein Baumhaus zu bauen, brauchst du viel Zeit. Lass dir von einem Erwachsenen helfen. Ein Baumhaus zu bauen ist ein Projekt für den ganzen Sommer.

Du benötigst einen großen Baum mit ausladenden Ästen. Wenn du einen passenden gefunden hast, dann frage zunächst auf jeden Fall den Besitzer, ob du in seinem Baum dein Haus bauen darfst. Der Boden deines Baumhauses sollte sich ungefähr 2 m über dem Erdboden befinden. Wenn du noch höher bauen willst, wird der Aufbau zu schwierig. Du brauchst viele Bretter, aus denen du zunächst den Fußboden des Baumhauses herstellst. Am besten nimmst du hierfür Kiefernlatten, die du im Baumarkt bekommst. Außerdem brauchst du jede Menge Nägel und Schrauben, um alles fest miteinander zu verbinden. Die Seitenwände und das Dach zimmerst du ebenfalls aus Brettern und Latten zusammen. Lass Platz für die Fenster! Und pass beim Bauen des Hauses auf, dass du den Baum nicht schädigst.

Ist dein Baumhaus eines Tages fertig, nimm dir Kissen und Decken und zieh an einem schönen lauen Sommerabend mit ein paar Freunden dort ein. Vielleicht könnt ihr ja ein Picknick unter dem Sternenhimmel machen.

Die Strickleiter

Um ins Baumhaus zu klettern, brauchst du eine Strickleiter. Entweder ein fertig gekaufte, oder du baust dir selbst eine. Besorge dir stabile Äste oder runde Hölzer für die Sprossen und zwei lange Seile. Hölzer und Seile müssen stabil genug sein, um dein Gewicht tragen zu können. Leg die Hölzer im richtigen Abstand auf den Boden und verbinde sie durch den Strickleiterknoten mit den Seilen.

So knüpfst du einen Strickleiterknoten

Zuerst legst du mit dem Seil eine Schlinge, etwas größer als der Durchmesser der Sprosse. Dann ziehst du das Seil, welches nach oben führt, als Schlaufe hindurch. In diese Schlaufe legst du deine Sprosse. Achtung, die kleinere Schlinge muss unten liegen! Der Strickleiterknoten zieht sich nur unter Zug zu, d.h., du kannst die Sprossen nach rechts oder links verschieben. Pass beim Zusammenlegen der Strickleiter auf, dass die Sprossen nicht herausrutschen. Bevor du sie benutzt, musst du auf jeden Fall testen, ob die Strickleiter stabil genug ist! Bitte einen Erwachsenen um Hilfe!

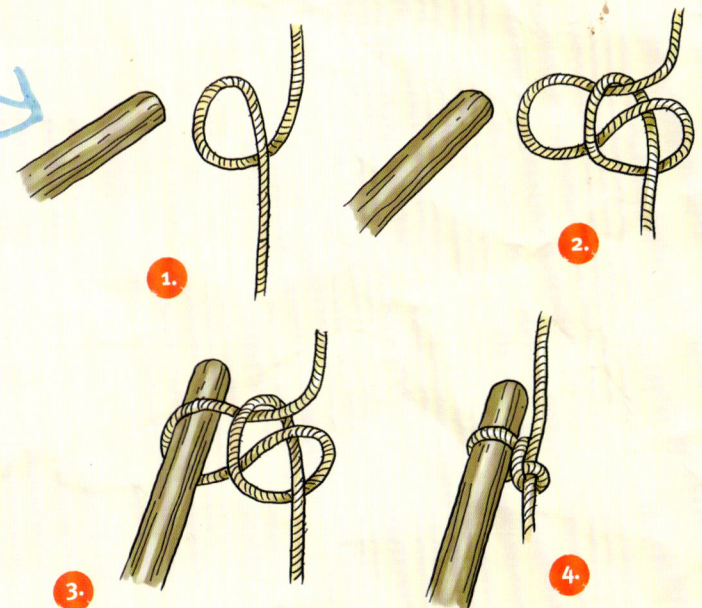

Bei Nacht draußen

Nachts sieht die Welt ganz anders aus als tagsüber. Das kann sehr aufregend und spannend sein, aber vielleicht auch ein wenig unheimlich. Tagsüber orientierst du dich weitgehend mit den Augen, aber nachts sind andere Sinne stärker angesprochen, etwa der Hörsinn. In der Dunkelheit hörst du wahrscheinlich jeden Zweig in der Nähe deines Lagers besonders laut knacken.

Taste dich doch einmal, bevor du mit deinem Ausflug in die Wildnis startest, zu Hause durch dein dunkles Zimmer. Sei dabei aber bitte sehr vorsichtig, damit du dich nicht stößt oder versehentlich etwas kaputt machst. Dort, wo du dich tagsüber auskennst, kannst du dich auch im Dunkeln gut orientieren. Deshalb ist es auch bei einem Outdoor-Abenteuer wichtig, sich am Tag die Umgebung genau anzuschauen, um sich notfalls auch bei Dunkelheit darin orientieren zu können. Wir Menschen sind nun einmal „Augentiere" und für uns ist es immer etwas ungewohnt, sich einmal nicht auf die Augen verlassen zu können. Aber gerade das macht natürlich auch den Reiz aus, in der freien Natur zu übernachten.

Tipp

Wähle für deine erste Übernachtung in der Natur euren Garten aus oder übernachte auf einem Campingplatz, der nicht überfüllt ist. Gefällt dir das „Draußen-Schlafen"? Dann probier in eurem Garten auch einmal eine Nacht unter dem Sternenhimmel aus. Nur im Schlafsack, ohne Zelt. Das ist ein einmaliges Erlebnis und wird dir sicher gefallen.

Nachts warm bleiben

Es ist sehr unangenehm, wenn dir bei deiner Tour kalt wird. Tagsüber bewegst du dich viel, aber nachts liegst du still im Schlafsack und kannst vielleicht nicht einschlafen, weil du frierst. Achte deshalb darauf, dass dein Schlafsack für die jeweilige Temperatur geeignet ist, wenn du deine Tour planst. Es gibt unterschiedlich dicke Schlafsäcke für verschiedene Temperaturbereiche. Lass dich beim Kauf beraten und nimm einen Erwachsenen dazu mit.

Warm und gemütlich schlafen ...

✗ Leg deinen Schlafsack nicht einfach auf die Erde. Breite als schützende Isolierschicht eine Isomatte oder Rettungsdecke darunter aus. Oder bau dir selbst eine Unterlage aus trockenem Gras, Laub, Fichtennadeln oder aus weichen jungen Ästen.

✗ Zieh dich zur Not auch nachts warm im Schlafsack an, z.B. mit einer Jogginghose, einem T-Shirt mit langen Ärmeln und dicken Socken.

✗ Stopf deine übrigen Anziehsachen in das Fußende vom Schlafsack und kuschel die Füße gemütlich hinein.

... und morgens trocken aufwachen

✗ Falls du ohne Zelt unter freiem Himmel übernachtest, könnte es morgens eine unangenehme Überraschung geben. Dein Schlafsack ist feucht vom Morgentau. Leg abends eine dünne Folie über den Schlafsack, dann bleibt alles trocken.

✗ Pack abends deine Schuhe in den Rucksack, dann werden sie nicht feucht und es kann nachts auch nichts hineinkrabbeln.

✗ Wichtig: Trockne einen feuchten Schlafsack am nächsten Tag gut in der Sonne. Schüttle ihn kräftig aus und rolle ihn erst dann wieder zusammen, wenn er vollständig getrocknet ist.

Wir machen eine Nachtwanderung

Hast du schon einmal eine Nachtwanderung gemacht? Sie ist ein spannendes Erlebnis, sollte aber vorbereitet werden. Am meisten Spaß macht eine Nachtwanderung in einer kleinen Gruppe. Nehmt einen Erwachsenen mit, der sich in der Umgebung gut auskennt. Jeder von euch sollte eine Taschenlampe dabeihaben, sich genügend warm anziehen und auch etwas Proviant mitnehmen. Denn Wandern macht hungrig. Nehmt auch Wanderkarte und Kompass mit, so seid ihr für alles gut gerüstet.

Wenn ihr leise und aufmerksam seid, dann könnt ihr nachts ganz andere Tiere und Pflanzen entdecken als tagsüber. Leuchtet aber keine Tiere längere Zeit mit der Taschenlampe an, sie mögen das nicht.

Probiert mal das: Sucht euch eine Stelle aus, legt euch auf den Rücken und macht die Taschenlampen aus. Jetzt lauscht auf die Geräusche des Waldes. Was hört ihr?

Nachtaktive Pflanzen

Es gibt Pflanzen, die erst abends oder nachts ihre Blüten öffnen, um damit nachtaktive Insekten, z. B. Nachtfalter, anzulocken. Manche Pflanzen haben eine helle Farbe, die das restliche Tageslicht oder das Mondlicht reflektiert. Einige duften stark, das lockt zusätzlich die Insekten an. Vielleicht kennst du die gelben Nachtkerzen, die gern an Bahndämmen oder Schuttplätzen wachsen. Ihre geöffneten Blüten duften sehr stark.

Achtung!

Egal ob tagsüber oder nachts: Betritt niemals einen Bahndamm, auch wenn du meinst, dass kein Zug kommt. Es ist lebensgefährlich.

Nachtaktive Tiere

Nachts sind andere Tiere unterwegs als tagsüber. Diese Tiere haben sich sehr gut an das Leben in der Dunkelheit angepasst. Viele können nachts besser sehen als wir Menschen. Deshalb leuchten Katzenaugen nachts grün, wenn du sie mit einer Taschenlampe anstrahlst. Die Netzhaut einer Katze reflektiert das Licht so, dass das wenige Licht verstärkt wird.

Bekannte nachtaktive Tiere sind die Fledermäuse. Vielleicht hast du sie schon einmal in der Abenddämmerung gesehen. Wenn man nur flüchtig hinschaut, kann man Fledermäuse schon mal mit Vögeln verwechseln. Aber Fledermäuse flattern schneller als Vögel und sie schlagen Haken, wenn sie im Zickzackkurs Insekten jagen. Außerdem stoßen sie sehr hohe Ultraschalltöne aus. Stößt der Ultraschall auf ein Hindernis, z.B. auf ein Insekt, wird er zurückgeworfen. Die Fledermaus kann im Dunkeln allein anhand dieses Schalls orten, wo sich ihre Beute befindet. Nachtaktiv sind auch der Igel und die Haselmaus. Wenn du viel Glück hast, siehst du vielleicht eine Eule oder hörst ihren Ruf. Nachts sind vor allem auch die kleineren Tiere unterwegs. Sie suchen den Schutz der Dunkelheit, weil sie dann besser vor ihren Fressfeinden geschützt sind.

Bitte denk dran: Gehe nachts sehr leise durch die Natur. Nachtaktive Tiere können besonders gut hören und sie flüchten, wenn du zu laut bist.

Einige nachtaktive Tiere			
Fledermaus	Igel	Haselmaus	
Waschbär	Dachs	Eule, Uhu, Steinkauz	
viele Frösche	Hamster	viele Insektenarten	Regenwürmer

Wenn du nachts kleine leuchtende Pünktchen umherschwirren siehst, dann hast du Glühwürmchen entdeckt. Das sind Leuchtkäfer, die Lichtsignale aussenden und so ihre Partner finden. Bei den meisten Leuchtkäfern leuchten nur die Weibchen. Sie können blinken oder ein Dauerlicht aussenden.

WASSER UND NAHRUNG
FINDEN UND ZUBEREITEN

Die richtige Vorbereitung

Bewegung an der frischen Luft macht hungrig. Zu einem Outdoor-Abenteuer gehört es auch, sich auf einer Tour selbst zu versorgen und in der freien Natur zu kochen und zu essen. Ein paar Vorbereitungen solltest du hierfür treffen, bevor du startest. Überleg dir, was du an Proviant mitnimmst und was du unterwegs zubereiten möchtest. Wichtig ist, dass du nicht nur Nahrung dabeihast, sondern vor allem auch genügend Wasser. Außer Alu-Trinkflaschen sind auch kleinere Plastikflaschen praktisch, weil sie nicht viel Eigengewicht haben und sich unterwegs gut wieder auffüllen lassen. Nimm die leeren Flaschen nachher wieder mit nach Hause.

Unterwegs Wasser finden

Fülle deine Wasservorräte unterwegs immer wieder rechtzeitig auf. Gerade dann, wenn du dich in der Natur verausgabst und im Sommer viel schwitzt, musst du viel trinken. Plane vorher, welche Gasthöfe oder Bauernhöfe auf deinem Weg liegen, wo du Wasser nachfüllen kannst. Wenn du in den Bergen unterwegs bist, gibt es bewirtschaftete Hütten und Almen, in denen du sicher Wassernachschub bekommst.

Hier bei uns darfst du nicht einfach Wasser aus Bächen oder Seen trinken. Es eignet sich zwar zum Waschen, aber zum Trinken ist es nicht sauber genug. Trinken darfst du allerdings aus Quellen oder auch frisch aufgefangenes Regenwasser. Es darf nur nicht abgestanden sein!

Denk dran!

Werfe niemals etwas aus Plastik in die Natur. Plastik braucht über 1000 Jahre, bis es verrottet ist.

Regenwasser richtig auffangen

Regenwasser ist sauber und du kannst es gut in größeren Mengen sammeln.

✗ Stelle einfach ein Gefäß auf, in dem sich das Wasser sammelt.

✗ Oder befestige eine Plane oder ein Tuch an vier Stöcken, die du in die Erde steckst. Die Plane sollte knapp über dem Boden gespannt sein. Beschwere die Plane am Rand mit einem Stein und stelle ein Gefäß darunter. Das Regenwasser sammelt sich an der tiefsten Stelle in der Plane und läuft in das Gefäß.

✗ Auf ähnliche Weise kannst du auch den Morgentau auffangen. Leg einen Stein in die Mitte des Tuchs und stelle dein Gefäß genau unter den Stein. Der Morgentau sammelt sich unten am Tuch und tropft hinein.

✗ Um Regenwasser aufzufangen, kannst du auch eine Plane um einen Baumstamm wickeln. Unter das untere, lose Ende der Plane stellst du das Gefäß. Die Plane saugt sich mit Regenwasser voll und das Wasser tropft hinein.

Wasser sammelt sich immer an den tiefsten Stellen. Stößt du bei deiner Tour auf ein ausgetrocknetes Flussbett, grabe dort einmal ein Loch in den Boden. Häufig findest du dort Wasser. Wenn du in einer trockenen Gegend bist und grüne Pflanzen entdeckst, dann grabe in der Nähe der Pflanzen ein Loch in den Boden. Ungefähr in 1 m Tiefe müsstest du auf Wasser stoßen. Findest du unterwegs feuchten Sand, probier Folgendes aus:

✗ Grabe ein Loch in den Sand.

✗ Stelle ein Auffanggefäß in das Loch und spann eine Folie über die Grube.

✗ Leg über dem Gefäß einen Stein auf die Folie.

✗ Scheint die Sonne, so wird das Wasser aus dem Sand verdunsten. Es sammelt sich an der Folie und tropft in das Gefäß.

Wenn du auf einer Tour im Schnee unterwegs bist, dann kannst du kleine Mengen davon in den Mund nehmen. Pass aber auf, dass der Schnee sauber ist.

Wusstest du schon?

Ein Erwachsener kann rund 10 Tage ohne Nahrung auskommen, aber nur bis zu 3 Tage ohne Wasser.

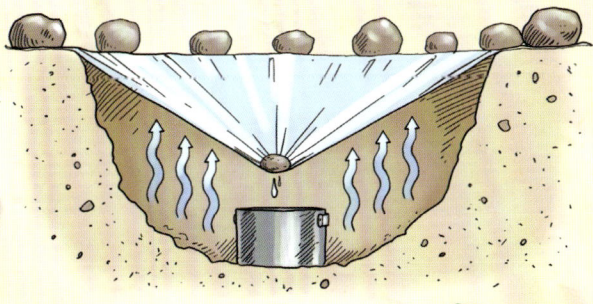

Einen Fisch mit der Hand fangen

Es ist nicht einfach, einen Fisch mit der bloßen Hand zu fangen. Probier es einfach einmal aus. Führe deine Hand im Uferbereich eines flachen Gewässers dicht am Boden entlang. Wenn du einen Fisch berührst, dann fahre mit der Hand ganz vorsichtig an ihm entlang, bis du die Kiemen erreichst. Jetzt fasse zu und hole den Fisch aus dem Wasser.

Wir bauen eine Angel

Wenn du keine fertige Angelrute dabeihast, dann kannst du dir selbst eine Angel bauen. Suche dir dafür einen langen, dünnen Ast, am besten von einer Weide oder Haselnuss. Binde an das Ende einen langen Bindfaden oder eine Nylonschnur und befestige einen Wurm. Vielleicht kommt schon bald eine Forelle herangeschwommen, um den Wurm zu fressen. Du kannst versuchen, die Forelle im flachen Wasser zu fangen. Du kannst am Ende der Leine aber auch einen Angelhaken befestigen und damit dann in tieferem Wasser Fische fangen. Pass auf, dass du dich oder andere beim Auswerfen der Angel nicht am Haken verletzt.

Denk dran!

In unseren Regionen ist es in der Regel nicht erlaubt, ohne Genehmigung aus einem See oder Bach Fische zu angeln. Erkundige dich bei einem Angelverein, vielleicht gibt es bei dir in der Nähe einen Teich für Angler.

Welche Pflanzen sind essbar?

Man kann viele Pflanzen in der freien Natur essen. Aber iss auf jeden Fall nur solche Pflanzen, die du auch wirklich ganz genau kennst. Bevor du Pflanzen abpflückst, frage auf jeden Fall einen Erwachsenen, der sich gut mit Wildpflanzen auskennt. Pflücke bitte keine Wildpflanzen, die direkt am Straßenrand, an Bahndämmen oder an gedüngten Feldern wachsen. Am besten sammelst du die Pflanzen auf Wiesen, am Waldrand oder auf einer Waldlichtung.

Einige essbare Wildfrüchte sind z. B.

X Blaubeeren, Brombeeren, Heidelbeeren, Himbeeren, Preiselbeeren;

X Haselnüsse, Walnüsse, Bucheckern;

X Bärlauch, Brennnesseln: Pflücke davon nur die jungen Triebe. Benutze Handschuhe!

X Pilze: Wiesenchampignons, Pfifferlinge.

Einen Solarofen bauen

Hast du schon einmal die Energie der Sonne zum Kochen genutzt? Nein? Dann bau dir deinen eigenen Solarofen. Damit kannst du zwar keine richtigen Mahlzeiten kochen, aber Würstchen braten oder eine Kartoffel kochen. Für einen Solarofen brauchst du Folgendes: einen sonnigen Sommertag, eine Plastikschüssel oder einen Korb, Alufolie, einen Stab (gut geeignet ist eine Stricknadel) und eine Kartoffel.

So wird's gemacht

1. Kleide die Schüssel mit Alufolie aus. Die glänzende Seite muss oben liegen. Streiche die Folie möglichst glatt, sie sollte nirgends knittern. Jetzt stichst du den Stab durch die rohe Kartoffel und legst sie in die Mitte der Schüssel.

2. Stelle den Solarofen mitten in die pralle Sonne. Nun wird die Kartoffel gar gekocht. Vielleicht musst du die Kartoffel noch etwas mehr zum Boden der Schüssel hinrücken. Das dauert zwar etwas länger als auf einem richtigen Herd, aber dafür brauchst du keine Küche und keinen Strom.

Achtung!

Dein Ofen wird bald sehr heiß werden! Fasse auf keinen Fall an die Alufolie oder an die Schüssel, da du dich sonst verbrennen kannst. Der Stab muss so lang sein, dass er aus der Schüssel herausragt.

Leckere Rezepte mit Wildfrüchten

Sammle unterwegs Wildfrüchte und bereite dir damit zu Hause leckere Gerichte zu. Falls du mit deinen Eltern auf einem Campingplatz unterwegs bist, kannst du auch mal an einem Tag das Kochen übernehmen und deine Eltern mit einem „Rezept aus der Wildnis" überraschen.

Bärlauchquark

Der Bärlauch riecht stark nach Knoblauch. Er wächst in schattigen Wäldern und blüht im Mai. Er ist ein tolles Gewürz und passt zu Quark oder auch Nudeln. Damit du Bärlauch nicht mit dem giftigen Maiglöckchen verwechselst, solltest du unbedingt an den Blättern riechen. Maiglöckchen riechen nicht!

Rühre Quark mit etwas Milch glatt und mische eine Handvoll gewaschener, klein gehackter Bärlauchblätter darunter. Würze das Ganze mit Kräutersalz.

Kompott aus Beeren

Besorge dir so viele Beeren wie möglich: Himbeeren, Brombeeren, Johannisbeeren und Blaubeeren. Wasche die Beeren gründlich. Leg sie in einen Topf und gib etwas Wasser dazu. Bring das Wasser zum Kochen und lass das Ganze dann auf kleiner Stufe vor sich hin köcheln. Gib zum Schluss noch ein wenig Zucker hinzu und einen Klecks Sahne, wenn du magst.

Blaubeerpfannkuchen

Stelle dir aus 150 g Mehl, 125 l Milch (zur Not geht auch Wasser) und 3 Eiern einen Pfannkuchenteig her. Gib eine Prise Salz hinzu und lass den Teig 20 Minuten quellen. Rühre eine Handvoll gewaschener Blaubeeren unter und gib eine kleine Portion Teig mit etwas Fett in die Pfanne. Wenn die Unterseite knusprig gebraten ist, mit dem Pfannenwender vorsichtig wenden und auch die andere Seite braten. Schon hast du einen leckeren Pfannkuchen. Kleiner Tipp: Noch leckerer schmecken sie mit etwas Puderzucker darüber.

Achtung, Giftpflanzen!

Einige Pflanzen darfst du niemals essen! Sie können lebensgefährlich für dich sein. Leider sieht man Pflanzen und Pilzen nicht unbedingt an, wie giftig sie sind. Sie tragen Gift in sich, damit sie von Wildtieren nicht gefressen werden. Die Tiere meiden sie, aber auch wir Menschen müssen uns vor ihnen hüten. Es gibt Giftpflanzen, die essbaren Gewächsen zum Verwechseln ähnlich sehen. Beachte daher unbedingt Folgendes:

Achtung!

Bevor du Pflanzen abpflückst: Frage **immer** einen Experten, der sich gut mit Pflanzen und besonders auch mit Pilzen auskennt. Pflücke keine Pflanzen einfach so ab! Das Gift einiger Pflanzen ist tödlich!

Hier eine Auswahl giftiger oder ungenießbarer Wildpflanzen

- ✗ Eibenbeere, rohe Holunderbeere, Mistel, Schneebeere
- ✗ Bärenklau, Fingerhut, Tollkirsche
- ✗ Pilze: Knollenblätterpilz, Fliegenpilz
- ✗ Gartenpflanzen: Oleander, grüne Teile von Tomaten, Engelstrompete, Efeu, Goldregen
- ✗ Maiglöckchen

FLIEGENPILZ   MAIGLÖCKCHEN

Warnung vor dem Riesenbärenklau

Der Riesenbärenklau, auch Herkulesstaude genannt, kann über 2 m hoch werden. Du darfst diese Pflanze nicht berühren! In Verbindung mit Licht verursacht der Riesenbärenklau heftige Quaddeln auf der Haut und ruft sehr starke Verbrennungen hervor, die lange Zeit andauern. Falls du aus Versehen Kontakt mit der Pflanze hattest, decke die Stelle sofort mit einem Tuch ab. Es darf kein Tageslicht mehr darankommen. Gehe sofort zum Arzt.

Wusstest du schon?

Einige Pflanzen sind nur im rohen Zustand giftig, wie die grüne Bohne. Wenn man sie lange genug kocht, kann man sie unbesorgt essen.

Folgende Regeln solltest du im Umgang mit Pflanzen in der freien Natur beachten

✗ Pflücke keine Beeren ab, auch wenn du meinst, dass du sie kennst. Frage auf jeden Fall einen Fachmann, ob die Beeren ungiftig sind.

✗ Iss nie eine Pflanze, die nach dem Zerreiben der Blätter nach Mandeln riecht. Sie könnte giftige Blausäure enthalten.

✗ Pflücke keine Pilze in der freien Natur. Einige Giftpilze sehen genauso aus wie ihre essbaren „Kollegen". Frage bei Pilzen immer einen Experten. Vielleicht kannst du dich ja einmal einer Pilzexkursion unter fachmännischer Leitung anschließen.

✗ Auch im Garten darfst du nicht einfach Beeren pflücken. Frage vorher einen Erwachsenen, der sich auskennt.

✗ Pflücke Beeren nur von oben am Strauch und wasche sie gut. Sonst könnte sich der gefährliche Hundebandwurm darin befinden.

✗ Es gibt auch Pflanzen, die bereits bei einer Berührung gefährlich sind. Meide deswegen Eibe und Eisenhut.

✗ Meide den Riesenbärenklau! (Siehe dazu Seite 42.)

✗ Einige Pflanzen haben Dornen oder Stacheln, an denen du dich verletzen kannst. Pass beim Pflücken gut auf oder trage Handschuhe.

RIESEN-
BÄRENKLAU

EISENHUT

Feuer machen

Abends mit ein paar Freunden am Lagerfeuer zu sitzen ist ein tolles Erlebnis. Erzählt euch Geschichten oder macht Spiele, vielleicht hat auch jemand eine Gitarre dabei und kennt schöne Lieder. Ein Lagerfeuer wärmt nicht nur und spendet Licht, es hält auch Insekten und andere Tiere fern. Ihr könnt über dem Feuer grillen oder euch in einem Topf etwas Leckeres kochen.

Was du unbedingt beachten musst

✗ Zünde ein Lagerfeuer immer nur dann an, wenn ein Erwachsener dabei ist.

✗ Errichte kein Feuer mitten im Wald, sondern nur an ausgewiesenen Feuerstellen oder Grillplätzen. Am besten sind sicher angelegte Feuerstellen in der Nähe eines Gewässers. So hast du Wasser in der Nähe, um das Feuer später wieder zu löschen.

✗ Lass ein Feuer nie unbeaufsichtigt brennen.

✗ Halte einen Eimer Löschwasser bereit. Zur Not funktioniert das Löschen auch mit Sand oder feuchten Decken.

✗ Begrenze deine Feuerstelle mit Steinen. So kann sich das Feuer nicht ausbreiten.

✗ Halte genug Abstand zu allem Brennbaren.

✗ Verbrenne niemals Plastik oder Müll.

✗ Lösche das Feuer nachher sorgfältig.

Ein Feuer löschen

✗ Zieh die Glut mit einem Stock auseinander und schütte Wasser darüber, bis es nicht mehr dampft.

✗ Gib Erde darüber.

✗ Schau nach, ob das Feuer auch wirklich aus ist!

Brennmaterial sammeln

Suche dir trockenes Holz in unterschiedlichen Größen. Brich keine frischen Äste von Bäumen oder Sträuchern ab. Frisches Holz brennt nicht, es qualmt und stinkt nur, wenn man es anzündet. Abgestorbene Äste kannst du gut verwenden.

Geeignetes Brennmaterial

✗ Trockener Zunder: Papier, dünne Zweige, trockenes Gras, trockenes Kraut, Laub, Moos oder Zapfen eignen sich gut zum Anzünden und zur Hitzeentwicklung. Dünne Baumrinde brennt auch sehr gut. Birkenrinde brennt sogar in nassem Zustand.

✗ Anmachholz: Benutze viel Reisig, also dünne, trockene Zweige, um Hitze zu entwickeln und das Feuer lodern zu lassen.

✗ Verwende dickere Äste oder Holzscheite, um das Feuer in Gang zu halten und Glut zu erzeugen.

Ein Feuer anzünden

Leg um deine Feuerstelle herum einen Steinkreis. Damit verhinderst du, dass sich dein Feuer ausbreitet. Sammle Brennmaterial und schichte es im Steinkreis auf. Zum Anzünden benutzt du den Zunder. Trockene Fichtennadeln brennen übrigens auch sehr gut. Zünde das Material mit einem Streichholz an und warte, bis es Feuer gefangen hat. Dann legst du vorsichtig neues Holz nach, zunächst Reisig und später die dickeren Zweige. Leg immer neues Holz nach, aber schichte es locker auf, damit das Feuer Luft bekommt.

Denk dran!

Verwende niemals Spiritus oder Benzin zum Feuermachen! Nur trockenes, abgestorbenes Holz und Zweige brennen gut. Die Ausnahme ist Birkenholz, das brennt auch in frischem Zustand.

Ein Feuer ohne Streichhölzer und Feuerzeug entzünden

Leg dir zunächst einmal das Brennmaterial bereit, also Zunder, Anmachholz und dickere Äste.

1. Mit der Lupe

Bei Sonnenschein kannst du mit einer Lupe ein Feuer anzünden. Halte die Lupe so über den Zunder, dass ein kleiner Lichtfleck darauffällt. Halte die Lupe jetzt ganz ruhig. Steigt nach kurzer Zeit Rauch auf, so hat das Holz gefunkt. Puste ganz vorsichtig in die Funken, damit die Flamme Luft bekommt und wachsen kann. Leg langsam neues Brennmaterial nach.

Achtung!

X Gehe mit deiner Lupe in der Sonne sehr vorsichtig um und halte deine Hand niemals unter die Lupe. Du kannst dich schnell verbrennen!

X Trockene Zweige und Gräser können überraschend schnell Feuer fangen!

2. Mit dem Feuerstein

Feuerstein (auch Quarz genannt) findest du in der Natur. Besser ist es noch, du besorgst dir vor deiner Tour in einem Outdoor-Laden ein Set aus Feuerstein und Stahlklinge oder gezackter Stahlsäge.

→ Leg an einem absolut windstillen Ort Zunder aus. Halte Reisig bereit.

→ Halte den Feuerstein über die Zweige und streiche mit der Stahlklinge kräftig über den Stein, bis Funken entstehen. Es kann sein, dass du hierfür ein paar Versuche brauchst. Lass die Funken auf den Zunder fallen.

→ Blase vorsichtig in die Glut und leg Reisig nach.

3. Mit zwei Ästen

→ Entferne von zwei kleineren Ästen die Rinde.

→ Ritze in einen Ast eine Kerbe.

→ Leg den zweiten Ast quer in die Kerbe hinein.

→ Nun reibe den Ast schnell in der Kerbe hin und her. Es dauert eine Weile, mach immer weiter mit dem Reiben.

→ Wenn Rauch entsteht, puste vorsichtig darauf.

→ Reibe weiter, bis ein Feuerchen entstanden ist. Jetzt legst du Reisig nach.

Vorräte sicher lagern

Wenn du auf einer Tour unterwegs bist, dann hast du keinen Kühlschrank dabei und auch sonst keinen Schrank, um deine Vorräte aufzubewahren. Offene Nahrungsmittel locken Insekten an, aber auch andere Tiere wie Igel oder Waschbären machen sich gern über Lebensmittel und Essensreste her. Hier findest du einige Tipps, wie du Nahrungsmittel unterwegs sicher aufbewahrst:

✗ Verstaue deine Lebensmittel in einer verschließbaren Tüte oder in einem feinen Netz, um sie vor Insekten zu schützen. Hänge die Tüte an einen schattigen Ast.

✗ Lass keine Nahrungsmittel offen herumliegen.

✗ Wirf keine Essensreste auf den Boden oder ins Gebüsch.

✗ Lagere keine Lebensmittel in der Sonne.

✗ Nimm nichts leicht Verderbliches mit. Besser als Bananen und Weintrauben sind festes Obst und Gemüse wie Äpfel oder Möhren. Das kannst du unterwegs gut knabbern.

Im Garten eine Feuerstelle anlegen

Frage deine Eltern, ob du dir deine eigene Feuerstelle anlegen darfst. Stich dazu ein kreisförmiges Stück vom Rasen aus und leg es zur Seite. Platziere Steine um deine Feuerstelle und entzünde ein Feuer. Du kannst das Rasenstück später wieder einsetzen, sodass es keine hässlichen Stellen gibt. Gieß den Rasen nachher an dieser Stelle gründlich, dann wächst er besser wieder an.

Grillen

Grillen macht unglaublich viel Spaß! Grillen ist einfach, gerade auch auf einer längeren Tour. Du musst keine große Ausrüstung mitschleppen. Ein Feuer, ein Stock und Würstchen genügen und los geht's!

Grillen über Feuer

Noch während dein Feuer brennt, kannst du es nutzen. Suche dir einen langen, dünnen Stock und spitze ihn an einem Ende mit dem Taschenmesser an. Spieß ein Würstchen darauf und halte es am Stock über die Flammen. Drehe den Spieß gleichmäßig und pass auf, dass das Würstchen nicht anbrennt.

Grillen über der Glut

Wenn das Feuer erloschen ist, dann bleibt die Glut übrig. Das ist der richtige Zeitpunkt, um so richtig mit dem Grillen loszulegen. Du kannst Würstchen grillen, aber auch Fleisch, Fisch, Brotscheiben oder Marshmallows. Achtung, Marshmallows fangen schnell an zu brennen! Halte sie nicht direkt in die Flammen. Spieß alles auf deinen Stock und grill es über der Glut. Oder bau dir einen Rost aus ganz frischen grünen Zweigen und Blättern, auf den du dann dein Grillgut legst. Leg den Rost über die Glut auf die Steine, die deine Feuerstelle umgeben. Pass aber auf, dass der Rost nicht zu tief hängt, sonst brennt schnell etwas an.

Kochen auf heißen Steinen

Suche dir große, flache Steine und lege sie nebeneinander. Jetzt legst du dünne, trockene Äste auf und zwischen die Steine und zündest die Äste an. Lass sie verbrennen. Entferne vorsichtig die Asche. Achtung, die Steine sind sehr heiß! Du kannst sie jetzt wie Kochplatten benutzen. Wickle Würstchen, Fleisch oder Fisch in Alufolie oder in große Blätter ein und gare alles auf den heißen Steinen.

Grillrezepte

Ofenkartoffeln

Wasche einige dicke Kartoffeln und
wickle sie mit Schale in Alufolie ein.
Leg die Kartoffeln ungefähr eine halbe
Stunde in die heiße Glut. Später kannst
du die Kartoffeln dann mit einer Zange
oder einem langen Stock herausholen
und auspacken. Am besten schmecken
sie mit Kräuterbutter oder Kräuterquark.

Tipp

Gare auf die gleiche Weise
auch Maiskolben oder Fisch.

Stockbrot

Bevor du zu deiner Tour aufbrichst,
stellst du zu Hause den Brotteig her.
Du brauchst dazu 400 g Mehl, eine Prise Salz, 125 ml Milch, 50 g Margarine und 2 Teelöffel
Backpulver. Gib Mehl, Backpulver und Salz in eine Schüssel und vermische die Zutaten
gut. Jetzt gibst du die Margarine dazu und knetest alles zu einem krümeligen Teig. Gieß
die Milch dazu und knete so lange weiter, bis der Teig geschmeidig ist. Du kannst noch ein
paar frische Kräuter hinzufügen oder Pizzagewürz.

Nun packst du den Teig in Frischhaltefolie, damit du ihn mitnehmen kannst. An der Grillstelle
rollst du den Teig zu Würstchen,
die du um die Stockspitze
wickelst. Halte dein Stockbrot
über die Glut und drehe es dabei
hin und her. Das Brot darf nicht
zu dunkel werden, nach ungefähr
5 Minuten sollte es fertig sein.
Lass das Stockbrot vor dem
Essen etwas abkühlen.

Im Topf kochen

Wenn du eine Feuerstelle im Garten oder auf einem Zeltplatz hast, dann koche doch mal in einem Topf über dem Feuer. Bereite dir mit ein paar Freunden Spaghetti oder einen leckeren Eintopf zu. Einige Rezepte findest du auf Seite 51. Wichtig ist, dass der Topf einen Henkel hat. Aber Vorsicht: Töpfe und Griffe können sehr heiß werden! Mach dir vor deiner Tour eine Liste mit allem, was du zum Kochen brauchst. Vielleicht musst du etwas vorbereiten, z.B. das Fleisch für das Gulasch klein schneiden. ( Seite 51)

Es gibt mehrere Möglichkeiten, den Topf über dem Feuer zu platzieren:

1. Bau dir eine Halterung aus drei Stöcken. Suche dir hierfür zwei längere Stöcke, die eine Astgabel haben, und stecke sie links und rechts von deiner Feuerstelle in die Erde. Fixiere sie noch mit Steinen. Nun legst du den dritten Ast darüber und befestigst den Topf mit einem dicken, stabilen Draht daran.

2. Suche dir eine Astgabel und stecke sie seitlich vom Feuer in die Erde. Nimm einen langen, dickeren Ast, führe ihn durch die Astgabel und beschwere den Ast am Boden mit einem großen Stein. Hänge den Topf mit Henkel an diesen Ast.

3. Wenn du auf heißen Steinen kochst, dann kannst du den Kochtopf einfach daraufstellen. Achte vorher unbedingt darauf, dass die Steine eine ebene Fläche bilden. So steht der Topf beim Kochen sicher und gerade.

Rezepte für das Kochen im Topf

Spaghetti mit Tomatensoße

Bring Wasser mit einer Prise Salz in deinem Topf zum Kochen. Gib 400 g Spaghetti (das ist eine Packung und reicht für drei bis vier Personen) dazu und lass sie ungefähr 8 Minuten kochen. Sie sollten nicht zu weich werden. Nimm den Topf vom Feuer und gieß das Kochwasser vorsichtig ab. Achtung, heiß! Stelle den Topf wieder auf das Feuer zurück und gib nun eine Packung passierte Tomaten über die Spaghetti. Würze nach deinem Geschmack mit Kräutern und Pfeffer und rühre alles einmal um.

Gulasch oder Gulaschsuppe

Gib 600 g Schweinegulasch in den Topf und lass es kurz anbraten. Fülle dann mit 1 l Wasser auf. Nun gibst du gehackte Zwiebeln, Salz, Pfeffer und 4 Esslöffel Paprikagewürz hinzu. Lass alles 20 Minuten kochen. Wenn zu viel Wasser verkocht, gib neues hinzu. Falls du magst, kannst du noch 500 g Sauerkraut hinzufügen. Gibst du mehr Wasser dazu, erhältst du eine Gulaschsuppe.

Mach dir eine Pizza auf heißen Steinen

Drücke ein großes Stück vom Stockbrotteig flach. Bestreiche den Teig mit Tomatensoße und beleg ihn anschließend mit Zutaten deiner Wahl. Du kannst Salami und Paprika nehmen, aber auch alle möglichen anderen Pizzazutaten. Streue geriebenen Käse darüber und lass deine Pizza auf den heißen Steinen garen.

GEOCACHING

Was ist Geocaching?

Geocaching ist eine spannende Schatzsuche im Freien. Du kannst dir Geocaching vorstellen wie eine elektronische Schnitzeljagd draußen im Gelände. An einem geheimen Ort, das kann ein Wald sein oder auch ein besonderer Ort (z. B. ein Schlossgarten oder ein Aussichtsturm), wird ein kleiner wasserdichter Behälter, der sogenannte Cache, versteckt. Im Cache befinden sich häufig ein oder mehrere Tauschgegenstände und ein Logbuch zum Eintragen (was das genau ist, erfährst du auf Seite 60). Niemand kennt die Koordinaten des Verstecks, außer dem Cacher selbst (dem Owner, das ist englisch und bedeutet „Besitzer"). Er veröffentlicht diese Daten im Internet. Dann können andere Geocacher das Versteck mithilfe eines GPS-Empfängers suchen und den Schatz bergen. Der Finder trägt sich in ein Logbuch ein und tauscht dann einen Gegenstand aus dem Behälter gegen etwas Eigenes, das er mitgebracht hat. Anschließend versteckt er den Cache wieder an derselben Stelle. Ganz unauffällig natürlich, damit niemand aus Versehen das Versteck entdeckt oder es unabsichtlich zerstört. Werde auch du zum Geocacher! Geh raus in die Natur und suche den geheimen Schatz!

Wusstest du schon?

„Geo" kommt aus dem Griechischen und bedeutet „Erde". „Cache" ist englisch und bedeutet „Versteck".

Was du unbedingt beachten musst

✗ **Wie bei jedem Outdoor-Abenteuer gilt: Starte deine Geocaching-Tour nicht allein. Mit ein paar Freunden macht das Ganze sowieso viel mehr Spaß.**

✗ **Nimm einen Erwachsenen mit und besprich deine Expedition vor dem Start ganz genau mit deinen Eltern. Beachte hierzu auch die Hinweise auf Seite 6.**

✗ **Informiere dich gut über die Gegend, in der du einen Cache suchst. Überleg dir vor dem Start, worauf du achten musst und was du unterwegs brauchst.**

✗ **Achte die Natur! Geocaching ist ein Spiel in und mit der Natur. Pass gut auf sie auf!**

Wie funktioniert Geocaching nun genau?

- Melde dich auf einer Geocaching-Website an.
- Suche dir einen geeigneten Cache aus und lies seine Beschreibung.
- Gib die Koordination des Caches in dein GPS-Gerät ein.
- Suche den Cache mit GPS, Kompass und Landkarte.
- Hast du das Versteck gefunden, trage dich ins Logbuch ein und leg den Cache zurück.
- Logge dich auf der Geocaching-Website ein und gib deinen erfolgreichen Fund bekannt.

Anmeldung auf einer Geocaching-Website

Bevor es losgeht, musst du dich auf einer Geocaching-Website anmelden. Nur so kommst du an die geheimen Daten (die Koordinaten) des Verstecks.

Hier findest du eine Auswahl verschiedener Websites, auf denen du dich einloggen kannst. Schau dir die Seiten gemeinsam mit deinen Eltern an und wähle die aus, die dir am besten gefällt:

www.geocaching.com: eine sehr große und bekannte Geocaching-Website. Stelle die Sprache auf Deutsch ein. Hier findest du viele Tipps und Informationen über die elektronische Schatzsuche. Die Datenbank enthält über eine Million Caches und deren Beschreibungen. Sicher ist da auch etwas für dich dabei.

www.navicache.com: ebenfalls eine gute Seite, die es aber nur in englischer Sprache gibt. Wenn du dich darin ein wenig übst, ist sie eine schöne Alternative zu www.geocaching.com.

www.opencaching.de: eine Seite auf Deutsch und auch eine gute Alternative zu www.geocaching.com. Sie ist insgesamt etwas kleiner, bietet dir aber trotzdem eine große Auswahl an Caches. Praktisch ist, dass sie direkt mit www.geocaching.de verknüpft ist.

Bei **www.geocaching.de** findest du viele interessante Informationen über das Spiel und bekommst insgesamt einen guten Überblick. Prima sind die FAQ (das bedeutet „frequently asked questions", auf Deutsch: oft gestellte Fragen), in denen jede Menge wichtige Fragen beantwortet werden. Schau dich einfach einmal um!

Denk dran!

Frage unbedingt deine Eltern um Erlaubnis, bevor du dich auf einer Geocaching-Seite anmeldest. Surfe nicht allein im Internet!

Einen passenden Cache aussuchen

Wenn du dich auf einer Geocaching-Website angemeldet hast, kannst du dir einen Cache aussuchen. Günstig ist es, wenn er nicht zu weit von deinem Wohnort entfernt ist, damit du keine lange Anreise hast. Schau dir alle Informationen genau an, die zu einem Cache gehören. Wie ist der Schwierigkeitsgrad? Wie sind die Beschreibungen zum Gelände, in dem er versteckt ist? Lies dir auf jeden Fall auch die Einträge von anderen Geocachern durch, sie geben dir wichtige Tipps für die Suche. Nimm dir für deine ersten Geocaches nicht zu viel vor. Wichtig ist, dass du erfolgreich bist und dir die Suche Spaß macht. Mit etwas Übung kannst du dich später an höhere Schwierigkeitsstufen wagen.

Zu einem Cache sind immer diese Informationen angegeben:

- der Name und die Geocache-Nummer (= GC-Nummer)
- die Koordinaten
- der Besitzer des Caches
- die Schwierigkeitsstufe und Informationen über das Gelände
- besondere Informationen zu diesem Cache, wie Hinweise zu Ausrüstung und Stationen
- die Cachegröße
- wann der Cache versteckt wurde
- wann er zuletzt gefunden wurde
- Logeinträge früherer Geocacher

Lies dir unbedingt alle Informationen genau durch und entscheide dich dann für einen oder mehrere Caches. Manchmal ist angegeben, ob er auch für Einsteiger gut geeignet ist. Drucke dir die Beschreibung aus und nimm sie zu deiner Suche mit.

Verschiedene Cachegrößen

Nano: Dieser Cache ist nur wenige Millimeter groß. Er passt in ein winziges Versteck, wie in eine Mauerspalte oder ein Astloch. Häufig ist er magnetisch und an etwas anderem, z. B. einem Geländer oder einer Eisenstange, befestigt.

Micro: ein Cache von weniger als 100 ml Stauraum. Häufig werden Filmdöschen benutzt.

Small: Cache mit weniger als 1 l Inhalt. Gern werden Kunststoffdosen, etwa Butterbrotdosen, verwendet.

Regular: zwischen 1 l und 20 l Stauraum. Die Kunststoffdose hat ungefähr die Größe eines Schuhkartons.

Large: sehr große Caches mit mindestens 20 l Inhalt, z. B. eine Tonne oder ein Koffer. Manchmal wird dieser Cache bei speziellen Tauch-Geocachings benutzt. An Land setzt man sie nicht so häufig ein, weil es schwierig ist, ein Versteck dafür zu finden.

Tipp

Suche dir zunächst Caches mit den Größen Small oder Regular aus. Sie sind besser aufzuspüren und außerdem findest du in ihnen meistens noch etwas zum Tauschen. Micros enthalten meist nur ein winziges Logbuch. Nanos sind oft so winzig, dass kein Logbuch mehr hineinpasst.

Wie funktioniert ein GPS-Gerät?

Ein GPS-Empfänger ist ein elektronisches Gerät, mit dem du schnell deinen Standort auf der Erde bestimmen kannst. „GPS" ist die Abkürzung für „Global Positioning System", was so viel bedeutet wie weltweite Ortsbestimmung. Um unsere Erde kreisen ständig mindestens 24 GPS-Satelliten, die Signale aussenden. Das GPS-Gerät empfängt diese Signale. Anhand der Stellung und der Zeit der Satelliten bestimmt es seine genaue Position in Form von Koordinaten. Diese werden in Längen- und Breitengraden angegeben.

Gibst du neue Daten in dein GPS-Gerät ein, kannst du von einem Standort zum nächsten navigieren. Manche Geräte haben eingebaute Landkarten und einen elektronischen Kompass. Wenn du gerade erst mit dem Geocaching startest, reicht aber ein einfaches Grundgerät völlig aus. Lass dich beraten! Du kannst aber auch ein geeignetes Smartphone benutzen.

Gib die Koordinaten des Cache in deinen GPS-Empfänger ein. Wie das genau funktioniert, ist bei jedem Gerät ein wenig anders. Lies dir die Gebrauchsanweisung durch, sicher können dir auch deine Eltern dabei helfen. Verlasse dich beim Geocaching aber nicht ausschließlich auf GPS, benutze auch Kompass und Karte. Es kommt nämlich durchaus vor, dass man wegen Bergen oder Bäumen gelegentlich das Signal verliert. Informiere dich auf Seite 10 über den richtigen Umgang mit Karte und Kompass.

Tipp

Probiere das GPS-Gerät erst einmal bei euch zu Hause im Garten aus. Übe das Eingeben und das Abrufen von Koordinaten.

Was brauchst du noch für's Geocaching?

Außer einem GPS-Gerät, Karte und Kompass und viel Lust auf Abenteuer nimm folgende Dinge mit. Orientiere dich auch anhand der Grundausrüstung für Outdoor-Abenteuer auf Seite 8. Packe alles in einen Rucksack, damit du unterwegs die Hände freihast.

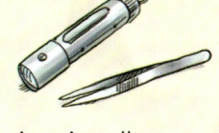

X die Cachebeschreibung

X einen Bleistift oder Kuli, um dich in das Logbuch einzutragen. Verlasse dich nicht unbedingt darauf, dass ein Stift dabeiliegt.

X ein Erste-Hilfe-Set; schau auf Seite 8 und 92 bis 94 nach, was alles darin sein sollte

X Ersatzbatterien für den GPS-Empfänger

X Taschenmesser

X Handy, um in einem Notfall Hilfe zu holen

X ein Stück Draht, um den Cache damit notfalls aus dem Versteck zu holen

X dünne Gummihandschuhe, denn manche Caches sind sehr schmutzig

X geeignete Tauschobjekte, einige Beispiele dafür findest du unten

Als Tauschobjekte eignen sich

X Murmeln, Schlüsselanhänger

X kleine Spielzeugautos, Flummis

X Pins, Aufkleber, Stempel, Stempelkissen

X kleine Spiele, wie ein Quartett oder ein Puzzle

X Bücher, CDs (keine Raubkopien)

X USB-Stick, Münzen

X kleine Stofftiere

X Empfindliche Gegenstände solltest du in eine verschließbare Tüte einwickeln. So sind sie später im Cache gut vor der Witterung geschützt.

Ungeeignet sind

X Nahrungsmittel, weil sie leicht verderben und Tiere sie aufspüren können. Deswegen gehört auch nichts stark Duftendes in einen Cache.

X Müll und kaputte Tauschgegenstände

X Dinge von Fastfoodketten oder aus Überraschungseiern

X Messer und scharfe Gegenstände sowie alle Dinge, die grundsätzlich nicht erlaubt sind

X Auf den Geocaching-Seiten findest du dazu weitere Hinweise. Bitte lies sie dir gründlich durch, bevor du zu deiner ersten Tour aufbrichst.

Das Versteck finden

Dein GPS-Empfänger führt dich sehr nahe an das Versteck heran. Das Versteck selbst musst du dann aber auf eigene Faust im Umkreis suchen. Gib nicht auf, falls es etwas länger dauert. Lies dir noch einmal die ausgedruckte Cachebeschreibung durch, vielleicht findest du hier einen wichtigen Hinweis. Überleg dir auch, wo du selbst einen Cache verstecken würdest. Vielleicht hatte der Owner ja eine ähnliche Idee wie du.

Hast du das Versteck gefunden? Herzlichen Glückwunsch! Aber bevor du den Cache birgst, schau dir die Stelle genau an und merke dir die Einzelheiten. Alles muss nachher wieder genau so aussehen, wie du es vorgefunden hast. Pack den Cache vorsichtig aus. Wenn etwas klemmt, nimm zur Not dein Taschenmesser zu Hilfe. Pass auf, dass du den Behälter nicht beschädigst.

Was du unbedingt beachten musst

Pass auf, dass du bei deiner Suche unbeobachtet bist! Leute, die nichts mit Geocaching zu tun haben, dürfen dich nicht beim Aufspüren des Verstecks beobachten. Schließlich ist es ein Geheimversteck, das auch weiterhin für andere verborgen bleiben soll. Schau dich immer mal wieder um, wer sich in deiner Nähe aufhält. Sind es Leute, die zu deiner Gruppe gehören? Kein Problem! Oder sind es Fremde, die Geocaching nicht kennen? Sie brauchen gar nicht zu wissen, was du da tust. Tarne dich oder warte ab, bis die Luft rein ist.

Denk dran!

Gehe bei deinen Exkursionen achtsam mit der Natur um und tritt vor lauter Entdeckerdrang nicht unnötig auf Pflanzen. Brich auch keine Äste an Sträuchern und Bäumen ab.

Das Logbuch

Das Logbuch ist ein kleiner Notizzettel, der dem Cache beiliegt. Alle Finder tragen sich darin ein. Logge auch du deinen Fund! Es ist für jeden Finder spannend, zu lesen, wer zu welchem Zeitpunkt den Cache entdeckt hat. Lies dir durch, was deine Vorgänger geschrieben haben. Vielleicht fällt dir auch noch etwas Interessantes ein, was du gern für deine Nachfolger notieren möchtest. Das musst du ins Logbuch eintragen:

- Uhrzeit und Datum
- deinen Namen
- was du für einen Gegenstand entnommen und was du dafür hineingelegt hast

Tauschregeln

- Tausche immer fair! Je nachdem, was du für einen Wert entnimmst, legst du ungefähr denselben Wert wieder hinein. Du kannst dich vorher auf der Website informieren, was der letzte Finder in den Cache gelegt hat. So kannst du entsprechend planen und passende Tauschgegenstände mitnehmen.
- Gib auch du später auf der Geocaching-Website an, was du hineingelegt hast. Der nächste Cacher wird sich freuen, weil er weiß, was ihn erwartet.

Das Verstecken und Loggen im Internet

Verstecke den Cache wieder genau so, wie du ihn vorgefunden hast. Denke immer daran, dass sich auch andere Cacher an der Beschreibung im Internet orientieren. Verwische zum Schluss sorgfältig alle Spuren. Wenn du wieder zu Hause bist, trägst du deinen Fund auf der Geocaching-Seite ein. So können die anderen sehen, wer den Cache schon alles entdeckt hat, wie dir die Suche gefallen hat und was du als Tauschobjekt in den Behälter gelegt hast.

Kleines Geocaching-Wörterbuch

BYOP: „bring your own pen", auf Deutsch „bring deinen eigenen Stift mit". Im Cache liegt kein Stift zum Eintragen.

Cache: ein wasserdichter Behälter, der von einem Cacher an einem geheimen Ort versteckt wurde. Die anderen Cacher können ihn mithilfe von Koordinaten suchen, die sie im Internet abrufen.

DFDC: Das bedeutet „danke für den Cache". Man trägt diese Notiz im Logbuch ein.

DNF: „did not find". Gib das auf der Geocaching-Website ein, falls du den Cache leider nicht gefunden hast.

FTF: „first to find" bedeutet „als Erster gefunden". So trägt sich der Geocacher ein, der den Cache als Erster gefunden hat.

Geocacher: eine Person, die mithilfe von GPS und den Koordinaten des Fundortes ein Versteck aufspürt und dort einen Cache findet.

Geocaching: elektronische Schatzsuche. Sprich es „Geokäsching" aus.

GPS: Global Positioning System. Ein Navigations-Satellitensystem zur Bestimmung von Positionen.

Loggen: das Eintragen in ein Logbuch, sowohl auf Papier als auch im Internet.

Muggel: So wird jemand genannt, der nichts mit Geocaching zu tun hat. Das Wort entstammt den Harry-Potter-Büchern.

Owner: derjenige, der den Cache (auch Cacher genannt) versteckt hat. Gelegentlich kontrolliert er seinen Cache, ob mit ihm noch alles in Ordnung ist und die anderen Geocacher ihn auch finden können.

Trade Item: Das bedeutet auf Deutsch „Tauschgegenstand".

OUTDOOR-SPIELE

In diesem Kapitel findest du verschiedene Spiele und Outdoor-Ideen, die dir und deinen Freunden sicher viel Spaß machen werden.

Räuber und Gendarm

Dieses Spiel ist eine Mischung aus Fangen und Verstecken. Bildet zwei Gruppen, die Gendarmen und die Räuber. Die Räuber bekommen einen Vorsprung und verstecken sich in dieser Zeit überall auf dem Gelände. Dann müssen die Gendarmen sie suchen und fangen. Gefangene Räuber werden in das Gefängnis gebracht, das ist ein bestimmter Bereich auf eurem Gelände, den ihr vorher bestimmt habt. Die noch freien Räuber versuchen sich an das Gefängnis heranzuschleichen, um die Gefangenen per Abschlag zu befreien. Das Gefängnis muss also von den Gendarmen immer gut bewacht werden. Das ist nicht einfach, denn der Räuber hat einen Vorteil: Er darf mitten durch das Gefängnis laufen, während die Gendarmen bloß außen herumlaufen und es nicht durchqueren dürfen.

Das Spiel ist zu Ende, wenn alle Räuber gefangen wurden. Oder ihr vereinbart eine Zeit, in der alle Räuber eingefangen sein müssen. Falls die Gendarmen das nicht schaffen, haben die Räuber gewonnen.

Schnitzeljagd

Die Schnitzeljagd ist ein Spiel für schöne Sommertage. Es funktioniert so: Teilt euch in zwei Gruppen auf, in die Jäger und die Füchse. Die Füchse bekommen einen Vorsprung von ungefähr 10 Minuten. Sie laufen vor und legen Spuren. Je nachdem, in welchem Gelände ihr unterwegs seid, könnt ihr Stöcke als Pfeile auf den Boden legen, etwas in die Erde ritzen oder Zeichen mit Kreide an Bäume oder auf festen Boden malen. Ihr könnt auch die Waldläuferzeichen für eure Schnitzeljagd benutzen. Schaut euch auf Seite 95 die Geheimzeichen an, dort erfahrt ihr, was es mit den Waldläuferzeichen auf sich hat. Um eure Gegner zu verwirren, legt ruhig auch falsche Spuren. Je mehr, desto besser. Wenn alle Spuren gelegt sind, versteckt ihr euch. In die Nähe eures Verstecks dürft ihr dann keine Spuren mehr legen. Lasst sie einfach irgendwo enden. Gelingt es der zweiten Gruppe, euch zu finden?

Conkers – ein Kastanienspiel

Dieses Spiel kommt aus England und eignet sich gut für den Herbst. „conker" ist das englische Wort für „Kastanie". Sucht euch, bevor ihr euer Abenteuer startet, mehrere große Kastanien. Bittet zu Hause einen Erwachsenen, euch ein schmales Loch in die Kastanien zu bohren, entweder mit einem Handbohrer oder mit einer Bohrmaschine. Dann zieht ihr eine ca. 25 cm lange Schnur, einen dünnen Schnürsenkel oder ein Lederband durch das Loch und sichert das mit einem dicken Knoten. Zwei Gegner nehmen sich nun je eine dieser „conkers" und schlagen damit so lange auf die Kastanie des Gegners ein, bis sie zerbricht. Der Sieger erhält einen Punkt.

Tipp

Die besten Kastanien bleiben ein Jahr lang in einem Regal liegen. Dann werden sie hart und brechen nicht so leicht.

Fuchs und Hase

In diesem Spiel sind alle Kinder bis auf eines die Hasen, es gibt nur einen Fuchs. Die Hasen laufen wild umher und der Fuchs muss versuchen, einen Hasen zu fangen. Wenn dir der Fuchs zu nahe kommt, dann fasse schnell einen anderen Hasen an der Hand. Dann kann der Fuchs dir nichts mehr tun. Der Hase, der keinen anderen Hasen zum Handgeben findet, wird vom Fuchs gejagt. Die anderen Hasen versuchen, das zu verhindern. Sie stellen sich dem Fuchs in den Weg und behindern ihn, so gut es geht. Dabei kann es passieren, dass sie die Hand des anderen Hasen wieder verlieren und dann selbst gejagt werden. Der Hase, den der Fuchs fängt, ist im nächsten Spiel der Fuchs.

Wir bauen ein Floß

Vielleicht gibt es bei dir in der Nähe einen geeigneten See oder Weiher, auf dem du mit einem Floß paddeln darfst. Bau dir aus Baumstämmen dein eigenes Floß.

So wird's gemacht

1. Du brauchst fünf Baumstämme, ungefähr 2 m lang, mit einem Durchmesser von 20 cm. Vielleicht fragst du einen Förster oder Bauern, ob er dir solche Stämme geben kann. Bitte dann einen Erwachsenen um Hilfe beim Bau des Floßes.

2. Leg die Stämme nebeneinander und platziere je einen Pfosten am oberen und am unteren Ende. Verzurre die Pfosten gut mit einem Seil.

3. Anstatt eines Paddels kannst du auf einem flachen, ruhigen See oder Weiher auch einen langen Stock benutzen, den du fest in den Grund einstichst. Du kannst dir aber auch aus einem Stück Holz ein Paddel schnitzen.

4. Auf geht's! Lass dein Floß zu Wasser.

Du kannst dir als Floß auch einen dünnen Rost aus Latten oder dünnen Pfosten bauen. Befestige dann an jeder Ecke des Floßes einen luftgefüllten Kanister, Reifen oder Styroporblöcke.

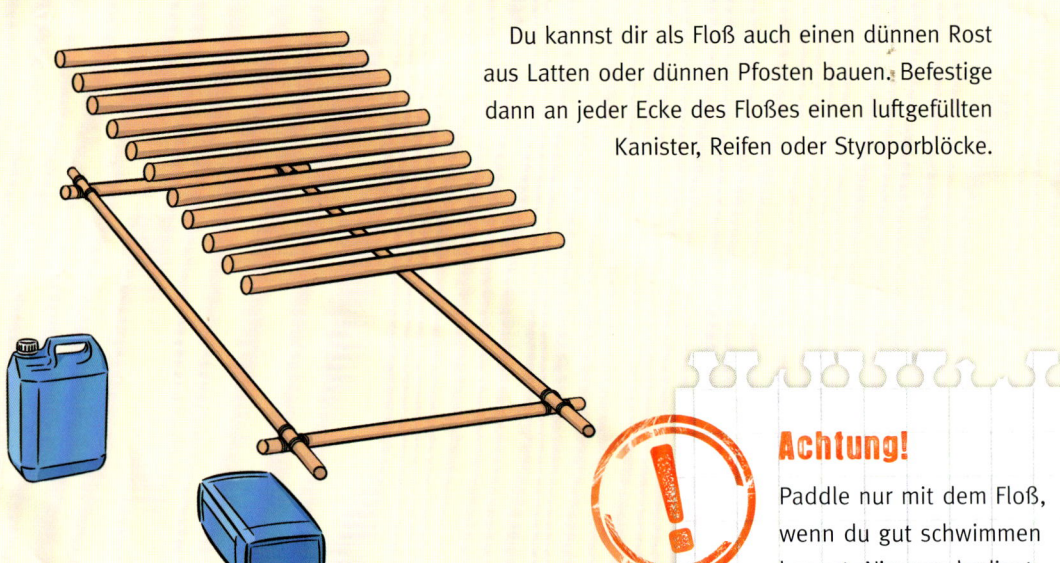

Achtung!

Paddle nur mit dem Floß, wenn du gut schwimmen kannst. Nimm unbedingt einen Erwachsenen auf deine Floßtour mit.

Bau dir ein Reisigfloß

Dieses Floß ist schnell gebaut, es ist aber nur für kurze Strecken geeignet. Nimm zwei wasserdichte Planen. Die erste legst du auf den Boden und schichtest darauf alles Mögliche, was schwimmt (Reisig, Stöcke, Styropor). Auf das Reisig kommen jetzt noch zwei kreuzförmig verbundene Stöcke. Schichte nochmals etwas Material darauf. Schlage die Plane darüber und verschnüre sie wie ein Paket. Drehe das Paket um und leg es auf die zweite Plane. Wieder gut verschnüren – und los geht's!

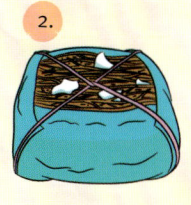

Spiel: Minifloß-Wettrennen

Starte mit deinen Freunden eine Floßregatta. Du brauchst dazu:

- für jedes Floß elf Weidenstöckchen und ein Blatt
- eine dünne Schnur

So wird's gemacht

1. Brich acht Stöcke auf gleiche Länge, leg sie nebeneinander und binde sie mit der Schnur zusammen. Auf die beiden Querseiten legst du quer zu den anderen noch je ein Stöckchen. Binde auch diese gut fest. Als Mast steckst du zwischen den Stöckchen senkrecht einen Stock fest. Nimm als Segel ein Blatt, das du am Mast aufspießt.

2. Nehmt eure Flöße mit zu einem kleinen Bach. Es geht los! Jeder lässt sein Floß zu Wasser. Welches Floß schafft die von euch festgelegte Strecke als Erstes?

Wenn ihr einen Bindfaden am Mast befestigt, habt ihr euer Floß immer an der Leine.

Versuche dein Glück beim Goldschürfen

Hast du schon einmal Gold gewaschen? Du musst gar nicht weit weg fahren, um das auszuprobieren. Gold kommt eigentlich überall vor, sogar in unseren Regionen. Aber es ist sehr fein verteilt (man nennt das auch „Flitter"), sodass man es mit bloßem Auge kaum erkennen kann. In Bächen oder Flüssen sammelt sich das Gold jedoch in etwas größeren Teilchen, als winzige Körnchen oder Schuppen. Die Goldteilchen lagern sich auf dem Grund im Sand und Kies ab. Mit ein wenig Glück kannst du es auf der Innenseite von Flussbiegungen oder an Kiesbänken mitten im Fluss entdecken. Gold ist schwerer als Sand und Kies. Mit der Pfanne trennst du das Gold von den übrigen Bestandteilen. Probiere doch einfach mal dein Glück und werde zum Goldsucher! Zum Goldwaschen brauchst du

- eine flache Pfanne oder Schale, so ähnlich wie ein Wok
- eine Schaufel

So wird's gemacht

1. Suche dir eine flache Stelle am Fluss oder am Bach, an der du gut bis zum Grund kommst. Fülle nassen Sand und Kies aus dem Flussbett in deine Pfanne. Sie sollte zu zwei Dritteln damit gefüllt sein.

2. Halte die Pfanne nun ins fließende Wasser, sodass der Inhalt mit Wasser bedeckt ist. Drehe die Pfanne und rüttle sie ab und zu vorsichtig. Feine Teilchen schwimmen jetzt davon.

3. Neige die Pfanne im Wasser nach vorn und lass Sand und Kiesel herausfließen.

4. Wiederhole diese Schritte, bis in der Pfanne nur noch etwas Sand übrig ist.

5. Jetzt hebst du die Pfanne aus dem Wasser. Lass ungefähr ein Viertel Wasser darin.

6. Rüttle die Pfanne und neige sie dabei in eine Richtung. Das Gold sammelt sich an der tiefsten Stelle. Darüber liegt aber noch Sand.

7. Drehe die Pfanne im Uhrzeigersinn. Damit ziehst du den Sand auseinander. Das, was jetzt hoffentlich unten in der Pfanne glitzert, ist Gold.

Achtung!

Flüsse können eine gefährliche Strömung haben. Schwimm nie in einem Fluss! Beachte auch die Gefahrenhinweise auf Seite 86. Suche nur dort nach Gold, wo es ganz flach ist.

Kleine Dinge aus Holz schnitzen

Bei deinem Outdoor-Abenteuer findest du bestimmt kleine Holzstücke, aus denen du etwas schnitzen kannst. Achte darauf, dass das Holz möglichst frisch ist, da es sich besser schnitzen lässt als trocknes Holz. Suche dir am besten Äste von Birke, Haselnuss, Erle oder Linde. Nimm kein Nadelholz, denn das splittert. Wie wäre es mit einem kleinen Schnitzprojekt, wenn es draußen regnet und du einige Zeit in deinem Unterstand oder Zelt verbringen musst? Jetzt brauchst du nur noch ein gutes Schnitzmesser und los geht's.

Was du unbedingt beachten musst

✗ Schnitze nur dann, wenn ein Erwachsener dabei ist.

✗ Schnitze immer vom Körper weg.

✗ Schnitze in aller Ruhe im Sitzen. Nicht im Stehen oder Laufen.

✗ Pass auf, dass sich kein anderer im Bereich deines Messers aufhält.

✗ Laufe nicht mit geöffnetem Messer umher.

✗ Die Hand, die das Holz hält, liegt immer hinter dem Messer.

KÄFER

So schnitzen Profis

Es ist wichtig, dass du das Messer mit ruhiger Hand und sicher führst. Setzte es flach an und säge zuerst das Grobe von deinem Holzstück ab. Wenn es an die Feinarbeit geht, arbeite vorsichtig und genau. Drücke mit der Hand, die den Stock hält, auf den Messerrücken. So kannst du das Messer gut kontrollieren.

Eine Holunderpfeife schnitzen

Schwarzen Holunder erkennst du an den weißen Blütendolden und im Herbst an den schwarzen runden Früchten. Holunderäste sind mit einem Mark gefüllt, das man leicht herauskratzen kann.

So wird's gemacht

1. Schneide von einem Holunderzweig ein ungefähr 2 cm dickes und 6 cm langes Stück ab.

2. Lass den Ast einige Tage trocknen und schiebe dann das Mark vorsichtig mit einem Stück Draht heraus.

3. Schneide am oberen Ende des Astes einen viereckigen Luftschlitz in die Rinde.

4. Schneide die Rinde in der Mitte des Astes ringsum ein.

5. Nun ziehst du das obere Rindenrohr mit dem Luftschlitz ab.

6. Schneide einen länglichen Schlitz in das darunterliegende Holz.

7. Setze das Rohr wieder darauf und blase nun in deine Holunderpfeife. Durch Hoch- und Runterschieben des Mundstücks kannst du die Tonhöhe verändern.

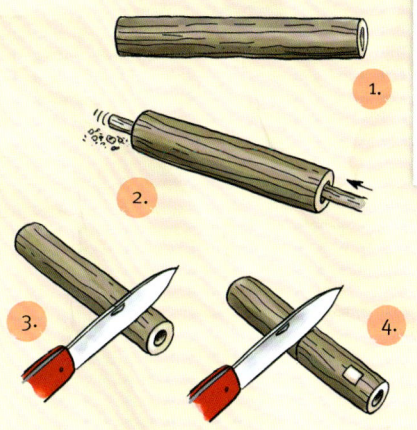

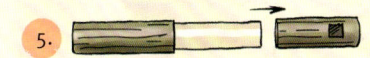

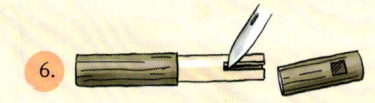

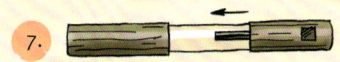

Einen Wanderstab schnitzen

Suche dir einen langen und möglichst geraden Stock. Er sollte ungefähr so lang sein wie die Entfernung zwischen deinem ausgestreckten Arm und dem Boden. Schmirgle den Stock mit Schleifpapier glatt. Für den Griff wickelst du eine dicke Schnur um ein Ende des Stocks. Ein echtes Einzelstück wird dein Wanderstock, wenn du mit dem Taschenmesser Verzierungen hineinritzt, etwa Ringe in verschiedenen Breiten oder geometrische Motive.

GEHEIMZEICHEN UND SIGNALE
ZUR VERSTÄNDIGUNG

Waldläuferzeichen

Kennst du diese geheimen Zeichen? Sie werden häufig von Pfadfindern benutzt, du kannst sie aber auch gut bei einer Schnitzeljagd einsetzen. Oder du probierst sie bei einer Wanderung aus und markierst wichtige Stellen damit. Zeige nachfolgenden Gruppen mit einem Waldläuferzeichen eine Abzweigung, einen bestimmten Weg, markiere eine Wasserstelle oder einen wichtigen Baum. Die Zeichen werden mit Stöcken, feinen Sägespänen oder mit Steinen auf den Boden gelegt.

Spannend wird es, wenn ihr die Waldläuferzeichen innerhalb eurer Gruppe verschlüsselt. Dann kann sie nämlich kein anderer entziffern außer ihr selbst. Denkt euch eine eigene Bedeutung für die Zeichen aus. Ihr könnt festlegen, dass ein gerader Pfeil „nach rechts abbiegen" bedeutet. Oder ihr tut so, als würde euer Lagerplatz ganz woanders liegen. Andere Gruppen wissen dann nichts davon und werden in die Irre geführt.

Das Morsealphabet (Morsecode)

Es gibt noch mehr Zeichen und Signale. Sehr bekannt ist das Morsealphabet, bei dem jeder Buchstabe aus unserem Alphabet durch ein langes oder kurzes Signal ersetzt wird. Silben mit einem „o" darin bedeuten ein langes Signal (einen Strich). Die anderen Silben bedeuten ein kurzes Signal (einen Punkt). Nimm dir deine Taschenlampe und blink das Morsealphabet. Oder pfeife es auf einer Trillerpfeife. Du kannst dir Merkworte einprägen, die mit dem jeweiligen Buchstaben beginnen. So viele Silben wie das Merkwort hat, so viele Signale musst du blinken. Wenn du ein „A" blinken willst, dann merk dir Anton. Anton hat zwei Silben, du musst also zweimal blinken: einmal kurz, einmal lang. Mach immer eine kleine Pause zwischen den Buchstaben, die du funkst. Das Alphabet und die Merkregeln findest du auf Seite 96.

Denk dran!

In einem Notfall ist es wichtig, das Wort „SOS" funken zu können: dreimal kurz, dreimal lang, dreimal kurz.

70

Tierstimmen nachahmen

Verständige dich doch einmal mit Tierlauten. Wenn du es geschickt machst, kannst du damit in der Wildnis sogar Tiere anlocken. Probiere es zusammen mit deinen Freunden aus, das macht ganz schön viel Spaß!

Die Hasenklage

So nennt man es, wenn ein Hase in Gefahr ist und ungefähr folgenden Ruf ausstößt: „Pööh äh pooh echechech". Um die Hasenklage nachzuahmen, balle die Hand zu einer Faust und sauge am Grundglied deines Zeigefingers. Hasenklage nennt man auch die Pfeife, mit der ein Jäger den Ruf eines verletzten Hasen oder Kaninchens imitiert. Er kann damit Raubwild anlocken.

Blatten

Während der Brunft, also der Fortpflanzungszeit im Juli und August, fiept das weibliche Reh und lockt damit die Männchen an. Das nennt man Blatten. Dieses Blatten kannst du nachahmen. Halte dir ein Buchenblatt vor den Mund und blase so hinein, dass du den Blattrand in Schwingungen versetzt.

Grauspecht

Hast du schon einmal einen Grauspecht gehört? Im Frühjahr ruft er eine Abfolge von Tönen, die sich ungefähr so anhört: „Klü-klü-klü...kü...kü...kü". Die Tonhöhe fällt immer weiter ab und wird zum Ende hin immer langsamer. Pfeife diese Töne einmal nach, vielleicht antwortet dir ein Specht.

WIR GEHEN AUF DIE PIRSCH

Pfeil und Bogen bauen

Hast du dir schon einmal selbst Pfeil und Bogen gebaut?
Es macht Spaß, einen Pfeil auf freier Fläche weit fliegen zu lassen.
Oder schieße im Garten damit auf eine Zielscheibe. Aber Achtung:
Ziele damit nie auf ein Lebewesen, weder auf Mensch noch Tier!
Pass beim Pfeil-und-Bogen-Schießen unbedingt auf, dass
sich niemand in der Schussbahn deines Pfeils aufhält!
Das brauchst du für Pfeil und Bogen:

- für den Bogen einen frischen, biegsamen Ast, ca. 1,20 m lang und 2 bis 3 cm dick. Gut geeignet sind Eichen- oder Birkenäste. Äste von Ulme, Esche oder Haselnuss kannst du ebenfalls gut benutzen. Nimm kein Nadelholz, denn das splittert;
- eine starke Schnur oder besser noch ein dünnes Nylonband als Sehne. Die Sehne darf nicht dehnbar sein;
- Für die Pfeile suchst du dir dünne, gerade Äste, die etwa 90 cm lang sind. Lass diese am besten erst einmal einen Monat lang trocknen, bevor du sie verwendest. Du kannst dir aber auch einen dünnen Blumenstab aus dem Gartenmarkt besorgen;
- eine Vogelfeder oder eine künstliche Feder aus dem Hobbymarkt;
- einen dünnen reißfesten Faden.

So wird's gemacht

Für deinen **Bogen** musst du den Ast gut biegen können. Schnitze zunächst etwa 5 cm von jedem Ende entfernt eine Kerbe hinein. Die Kerbe muss so tief sein, dass die Sehne nicht herausrutscht. Nun knotest du die Sehne fest in eine Kerbe, biegst die Bogenenden zusammen und bindest die Sehne am anderen Ende ebenfalls gut fest. Als Knoten eignet sich der Palstek oder der Rundtörn mit zwei halben Schlägen (siehe hierzu Seite 16/17). Du kannst aber auch einen anderen Alltagsknoten verwenden, er muss nur fest sein und sollte sich nicht zusammenziehen.

Weiter geht's mit dem **Pfeil**. Spitze dafür deinen Ast an einem Ende an. Schnitze dann in das andere, stumpfe Ende eine Vertiefung, in der die Sehne liegt. Um den Pfeil zu stabilisieren, kannst du am oberen Ende noch ein paar Federn anbringen. Nimm hierfür eine Vogelfeder oder verwende eine bunte künstliche Feder. Zerteile deine Feder der Länge nach in zwei Hälften. Dann schnitzt du in das obere Ende des Pfeils seitlich jeweils eine längere Kerbe, in die du die Federnhälften hineinsteckst. Wickle vorsichtig Faden um die Federn, damit sie sich beim Flug nicht ablösen. Der Faden muss aber straff gespannt sein. Jetzt bist du startklar. Leg den Pfeil auf den Mittelfinger deiner Hand und spanne die Sehne. Beim Schießen solltest du immer das Ziel anvisieren, nicht den Pfeil. Es gehört ein wenig Übung dazu, sicher mit Pfeil und Bogen zu schießen und gut zu treffen.

Tipp

Schau doch mal, ob es in der Nähe deines Wohnortes einen Bogenschützenverein gibt. Dort kannst du das Schießen mit Pfeil und Bogen prima lernen und hast viel Platz zum Üben.

dickes Ende
↓

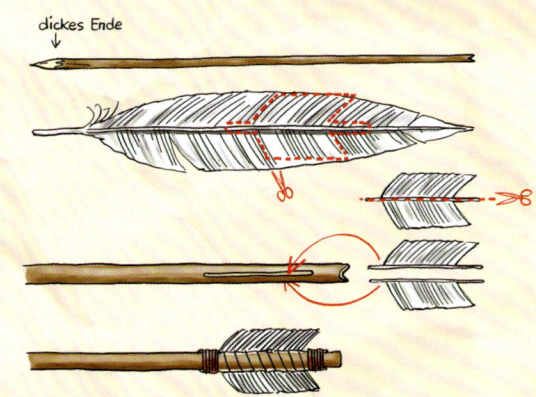

Vorsicht beim Umgang mit Wurfgeschossen

Du kannst auch mit einer Steinschleuder oder mit einem Speer auf ein Ziel treffen.
Bau dir beides einfach selbst. Aber auch hier gilt, genauso wie beim Pfeil-und-Bogen-
Schießen: Ziele immer nur auf Gegenstände und **niemals** auf Lebewesen!

Wir bauen eine Steinschleuder

In der Steinzeit gingen die Menschen mit
Steinschleudern auf die Jagd. Die Steinschleuder
ist nicht nur ein kraftvolles Geschoss, man kann
auch sehr genau damit zielen. Noch genauer als mit
Pfeil und Bogen. Bitte beachte: Wenn du mit einer
Steinschleuder spielst, gehe sehr vorsichtig damit
um. Das brauchst du:

✗ eine Astgabel, die wie ein Y geformt ist. Gut geeignet sind Äste vom Haselnussstrauch,
von Buche oder Eiche. Diese Hölzer sind fest, aber nicht spröde. Die Astgabel sollte
ungefähr 20 cm lang sein. Kürze notfalls die Äste auf die richtige Länge;

✗ elastisches Material, z.B. ein dickes Einmachgummi. Gut geeignet ist auch ein Spanngummi
aus dem Modellbau;

✗ ein kleines Stück altes Leder. Damit kannst du deine Munition besser festhalten;

✗ als Munition eignen sich Nüsse, Steinchen, Eicheln oder Ähnliches.

Entferne mit einem Taschenmesser die Rinde an der Astgabel. Führe das Messer dabei
stets von deinem Körper weg! Dann schneidest du je eine Kerbe in die beiden Enden der
Astgabel. Loche das Leder zweimal (lass dir beim Umgang mit der Lochzange bitte von
einem Erwachsenen helfen) und zieh es auf das Gummiband. Jetzt befestigst du das
Gummiband sicher in den Kerben. Du kannst die Enden zusätzlich mit reißfester Wolle
oder Faden umwickeln. Nun kannst du die Schleuder spannen und damit schießen.

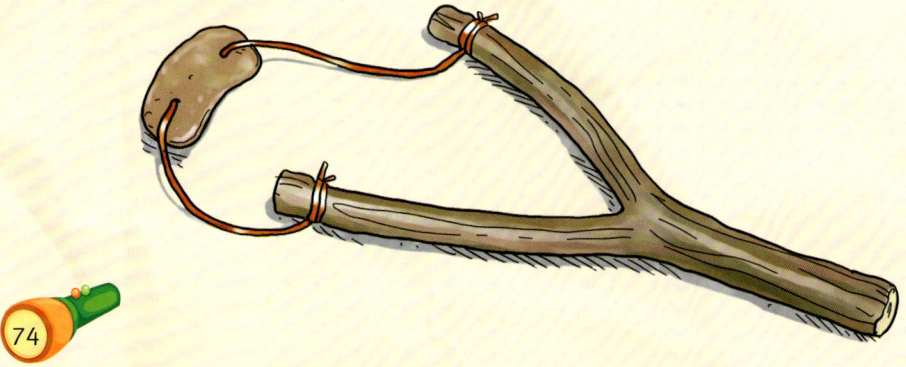

Wir bauen einen Wurfspeer

Für den Speer brauchst du einen geraden, ungefähr 1 m langen Ast oder Stab, den du mit deinem Taschenmesser oder einem Schnitzmesser an einem Ende anspitzt. Du kannst das stumpfe Ende kreuzförmig einkerben und Federn oder Blätter hineinstecken. So fliegt der Speer noch besser.

Behalte beim Speerwerfen dein Ziel immer im Auge. Achte unbedingt darauf, dass sich niemand in der Wurfrichtung deines Speers aufhält. Ziele **niemals** auf Menschen oder Tiere! Sicher musst du etwas üben, um dein Ziel auch zu treffen. Nimm Anlauf und leg dein ganzes Körpergewicht in den Wurf, dann fliegt der Speer noch weiter.

Denk dran!

X Frische Äste sind besser als trockene.

X Laubholz ist besser als Nadelholz.

X Gut geeignet sind Haselnuss, Eiche, Birke, Ulme, Esche, Ahorn, Linde und Wacholder.

Was eignet sich als Ziel für dein Geschoss?

X ein Baumstumpf

X eine selbst gebaute Zielscheibe, die du auf den Boden legst oder an einen Baum lehnst

X Auf festem Boden kannst du deinen Zielpunkt mit Kreide aufmalen.

Unterwegs mit Kescher und Becherlupe

Mit einem Kescher kannst du die kleinen Lebewesen eines Tümpels oder Sees genau anschauen. Bau dir deinen eigenen Kescher! Du brauchst dazu:

- einen Nylonstrumpf (frage deine Mutter danach)
- einen Drahtbügel aus der Reinigung (Vorsicht, er könnte scharfe Kanten haben!)
- Nadel und Faden
- einen Holzstab (z. B. Bambusstab)
- festen Draht

Biege aus dem Drahtbügel einen Kreis von ca. 20 bis 25 cm Durchmesser. Den Haken dabei nicht verbiegen, du brauchst ihn später zur Befestigung des Drahtrings an deinem Holzstab. Lass dir dabei von einem Erwachsenen helfen. Dann ziehst du das Strumpfbündchen über den Kreisrand und nähst es mit Nadel und Faden fest, damit es nicht abrutschen kann. Jetzt befestigst du den Drahtring mit dem Draht am Holzstab. Fertig ist dein Kescher! Gehe damit zu einem See oder Tümpel und zieh ihn langsam durchs Wasser, indem du dabei eine Acht beschreibst. Leere den Inhalt in einen Eimer mit Wasser. Dort kannst du mit bloßem Auge zahlreiche Lebewesen in Ruhe beobachten.

Welche Tiere entdeckst du?

Vielleicht siehst du einen **Wasserläufer**. Das ist eine Wanze, die auf dem Wasser laufen kann. Beim Laufen hinterlässt ein Wasserläufer kleine Dellen auf der Wasseroberfläche. Kannst du sie erkennen?

Gelbrandkäfer sind Schwimmkäfer, die schwimmen und fliegen können. Sie sind sehr gefräßig.

Die **Rückenschwimmer** schwimmen immer mit dem Bauch nach oben. Sie tragen auf dem Bauch einen Luftvorrat mit sich, der sie oben hält. Sie können schmerzhaft zustechen und werden deswegen auch „Wasserbienen" genannt.

Die Becherlupe

Mit einer Becherlupe kannst du kleine Tiere gut beobachten und sogar Tiere unter Wasser.
Das brauchst du für deine Becherlupe:

- einen weißen Plastikbecher
- Haushaltsgummi
- Frischhaltefolie
- etwas zum Beobachten, wie einen kleinen Käfer

So wird's gemacht

Leg den Käfer ganz vorsichtig in den Plastikbecher. Dann spannst du mit dem Gummiband
ein Stück Frischhaltefolie straff über die Becheröffnung. Gib einen Tropfen Wasser auf die Folie.
Wenn du jetzt durch den Wassertropfen hindurchschaust, siehst du den Käfer im Becher
vergrößert. Toll, oder? Insekten und andere kleine Lebewesen findest du unter Steinen, an
alten Hölzern und Bäumen mit großen duftenden Blüten. Diese locken Insekten an. Heb
doch mal einen Stein hoch. Entdeckst du darunter Kellerasseln, Spinnen oder Ameisen?

Für eine Lupe, mit der du auch unter Wasser
sehen kannst, brauchst du folgende Dinge:

- eine leere Konservendose
- Dosenöffner
- Hammer
- Frischhaltefolie
- Haushaltsgummis

Lass dir von einem Erwachsenen mit dem Dosenöffner Deckel und Boden der Dose
entfernen. Scharfe Kanten könnt ihr mit dem Hammer glatt klopfen. Spanne ein Stück
Frischhaltefolie mithilfe der Gummis fest und straff über eine der beiden Öffnungen. So
kann kein Wasser eindringen. Wenn du die Dose
ins Wasser hältst, wölbt sich die Folie nach innen
und wirkt dadurch wie die Linse einer Lupe.
Schaust du von oben durch die Öffnung,
siehst du die Unterwasserwelt vergrößert.

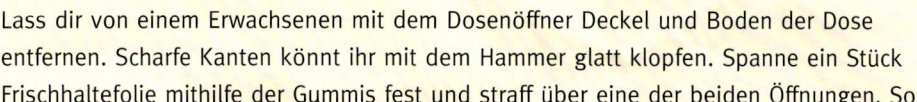

Denk dran!

Achte darauf, dass du
eingefangene Tierchen nach
höchstens 10 Minuten
wieder dort aussetzt, wo du
sie entdeckt hast.

TIERSPUREN DEUTEN

Tierspuren deuten

Wildtiere sind scheu und sie laufen fort, sobald du dich ihnen näherst. Deshalb musst du sehr leise und aufmerksam sein, um sie zu entdecken und zu beobachten. Anhand der Spuren, die sie hinterlassen, kann ein geübter Spurensucher erkennen, welche Tiere in der Umgebung leben.

In feuchter Erde, in Staub, feuchtem Sand oder auch im Schnee kannst du die unterschiedlichsten Laufspuren gut erkennen. Aber Tiere hinterlassen nicht nur Laufspuren, sondern auch Fraß- oder Kotspuren, Nester, Bauten und noch einiges mehr.

Lerne, ihre Spuren zu lesen, und mach dich auf die Suche!

Laufspuren heimischer Tiere

Rehe sind Paarhufer. Sie treten nur mit zwei stark verhornten Zehen an jedem Fuß auf den Boden auf. Ihr Fußabdruck sieht aus wie ein gespaltener Huf. Die Fährten von **Schaf** und Reh sind sich jedoch sehr ähnlich, man kann sie leicht verwechseln. Deshalb musst du ganz genau hinsehen. Die Abdrücke des Schafes sind etwas größer und nach vorn hin zugespitzt.

Reh

Schaf

Auch **Hirsche** sind Paarhufer. Ihre Trittabdrücke sind größer als die von Rehen.

Beim **Wildschwein** erkennt man zusätzlich noch den Abdruck der hinteren kleinen Zehen, der Afterzehen.

Raubtierspuren

Auch in unseren heimischen Wäldern leben Raubtiere. Sie werden uns allerdings nicht gefährlich und oft kannst du sie nur mit viel Glück entdecken, da die Tiere sehr scheu sind. Hunde und Katzen gehören ebenfalls zu den Raubtieren, ihre Spuren kannst du oft schon in deiner nahen Umgebung verfolgen.

Nahezu alle Fleischfresser besitzen fünf Zehen, doch häufig kann man an ihrem Pfotenabdruck den Daumen nicht erkennen. Dafür findest du manchmal Krallenabdrücke. Die Fußspuren der Raubtiere sehen sehr ähnlich aus, unterscheiden sich aber in der Größe.

Der **Dachs** hinterlässt eine große Spur mit langen Krallen. Die Ballen drücken sich deutlich ab und der Daumen ist immer sichtbar.

Einen länglichen Fußabdruck mit sichtbaren Krallen kannst du beim **Baummarder** beobachten. Der Daumen drückt sich nicht immer ab. Wegen der vielen Haare um den Ballen hat er manchmal eine unscharfe Kontur.

Der Pfotenabdruck eines **Fuchses** weist fünf ausgeprägte Ballen auf und lange, spitze Krallen.

Ein **Hund** hinterlässt einen runderen Pfotenabdruck als ein Fuchs. Die Krallen sind weniger stark ausgeprägt. Hundespuren kannst du in unterschiedlichen Größen entdecken.

Eine **Katze** erkennst du an einem nahezu runden Fußabdruck ohne Daumen. Da die Katze ihre Krallen beim Laufen einzieht, sind sie im Abdruck nicht zu sehen.

Spuren von Insektenfressern und Nagetieren

Fußabdrücke dieser Tiere sind sehr klein und nur in weicher Erde oder im Schnee gut zu erkennen. Wie die Raubtiere haben Insektenfresser und Nagetiere meist an jeder Pfote fünf Zehen und Krallen.

Der Pfotenabdruck eines **Igels** zeigt fünf Zehen mit langen, gespreizten Krallen.

Das **Eichhörnchen** hinterlässt eine lange, schlanke Spur mit vier Zehen.

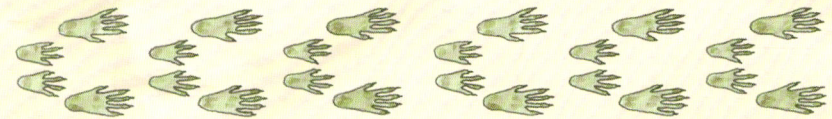

Beim **Feldhasen** sind ebenfalls meist nur vier Zehen erkennbar. Sie tragen schmale Krallen. Zum Teil ist die Kontur um den Ballen herum wegen der Behaarung unscharf.

Merke dir

✗ Die Fußabdrücke kleiner Tiere liegen meistens näher beieinander.

✗ Rennt ein Tier, so wird der Abstand zwischen den Abdrücken größer.

✗ Je länger der Schritt, desto größer das Tier.

Typische Fraßspuren

Du kannst auch anhand von Fraßspuren erkennen, ob ein bestimmtes Tier in der Umgebung lebt. Rehe und Hirsche hinterlassen noch weitere Spuren. Wenn sie sich an Bäumen scheuern oder Hirsche mit ihrem Geweih kräftig an Bäumen reiben, um ihr Revier zu markieren, bleiben davon deutliche „Fegespuren" sichtbar.

X Rehe und Hirsche schälen die Rinde von Bäumen ab, wenn sie im Winter kein frisches Grün finden. Den Schaden, den sie dabei an Bäumen anrichten, nennt man „Verbiss".

X Eichhörnchen nagen hoch oben am Stamm. Unter Bäumen findest du häufig abgenagte Zapfen. Hier haben Eichhörnchen die Samen herausgeplündert.

X Auch Hasen schälen mit ihren Zähnen gern junge Baumtriebe ab.

X Die Erdmaus knabbert schon mal am Fuß der Bäume Rinde ab.

X Der Buntspecht hämmert im Frühjahr Löcher in junge Baumstämme.

Gewölle

Einige Vögel wie Greifvögel, Rabenvögel oder Würger fressen ihre Nahrung, ohne sie zu kauen. In ihrem Magen wird dann das Verdauliche vom Unverdaulichen getrennt. Alles, was für den Vogel nicht verdaulich ist, wird im Magen miteinander verklebt und als Gewölle wieder herausgewürgt. Solche Gewölle kannst du häufig im Wald finden. Je nach Vogelart unterscheiden sie sich in Farbe, Größe und Form.

Diese Vögel scheiden Gewölle aus (eine Auswahl):

X Taggreifvögel: Bussard, Falke, Milan, Habicht, Sperber

X Nachtgreifvögel: Uhu, Waldohreule, Waldkauz, Sperlingskauz

X Rabenvögel: Krähe, Dohle, Elster, Eichelhäher, Kolkrabe

X Vögel aus der Familie der Würger, wie der Neuntöter

X Möwen: Silbermöwe, Lachmöwe

Tierhöhlen und Nester

Viele Vogelarten bauen ein kunstvolles Nest und kleiden es mit weichem Material aus. Aber auch andere Tiere bauen Nester, graben Höhlen im Boden oder nisten in Baumhöhlen. Fast immer ist ihr Unterschlupf gut versteckt, denn der Nachwuchs soll gut geschützt vor Fressfeinden heranwachsen. Einige Behausungen kannst du anhand ihrer Lage und Form gut unterscheiden.

Das Elsternest

Die Elster baut sich häufig hoch oben im Baumwipfel ihr Nest. Es ist kugelförmig und ziemlich groß. Manchmal bauen Elstern ihre Nester aber auch in dornigen Sträuchern oder in Hecken.

Das Zaunkönig-Nest

Der Zaunkönig baut ein kugeliges Nest aus Moos, kleinen Ästen und Blättern. In der Mooskugel lässt er einen Eingang frei. Er versteckt sein Nest in einer Höhe von höchstens 2 m in Hecken oder Büschen. Manchmal wählt er aber auch andere Orte, wie unter Baumwurzeln oder in Tierställen.

Der Eichhörnchen-Kobel

Eichhörnchen-Kobel findest du oft in den Astgabeln eines Baums. Die großen Nester bestehen aus Zweigen und aus Moos. Eichhörnchen bauen mehrere Kobel, da sie wegen Ungezieferbefall schon mal umziehen müssen.

Die Spechthöhle

Der Specht hämmert sich seine Höhle in einen Baum. Mit seinem Schnabel hackt er eine Nisthöhle und eine Schlafhöhle in den Baumstamm.

Das Schwalbennest

Schwalben bauen ihre Nester gern in warmen Tierställen oder auch unter Hausdächer.

Der Fuchsbau

Füchse legen unterirdische Bauten an. Man erkennt einen Fuchsbau an dem Erdwall davor. Das ist die herausgeschaufelte Erde, die sich um den Eingang herum sammelt.

GEFAHREN MEISTERN

Fühl dich sicher in der freien Natur und erlebe Abenteuer mit deinen Freunden. Schütze dich aber auch vor Gefahren! In diesem Kapitel lernst du die wichtigsten kennen. Denn nur vor Gefahren, die du kennst, kannst du dich schützen und sie im Notfall gut meistern.

Wildtiere im Wald

Bei uns leben üblicherweise keine Tiere, die dir im Wald gefährlich werden können. Trotzdem ist es gut, wenn du dich mit den heimischen Tieren ein wenig auskennst. Sei auf jeden Fall vorsichtig mit Füchsen oder anderen Wildtieren, die nicht fortlaufen, wenn du dich ihnen näherst. Tiere, die zutraulich erscheinen, darfst du keinesfalls anfassen. Erst recht keine mit Schaum vor der Schnauze. Sie könnten Tollwut haben. Das ist eine sehr gefährliche Krankheit, die auch auf den Menschen übertragbar ist. Manchmal gibt es bei uns in den Wäldern Impfaktionen für die Tiere, besonders für Füchse. Fass ausgelegte Impfköder nicht an!

Kröten solltest du nicht berühren. Einige Arten besitzen Giftdrüsen in der Haut. Mit dem Gift verhindern sie, von anderen Tieren gefressen zu werden. Falls du eine Kröte aus Versehen doch einmal berührst, reib dir nicht in den Augen. Wasch dir möglichst sofort die Hände!

Denk dran!

Habe Respekt vor Wildschweinen! Wildschweinsauen, also die Mütter, wollen ihre Jungen verteidigen und greifen Störenfriede leicht an. Am besten gehst du frei laufenden Wildschweinen aus dem Weg.

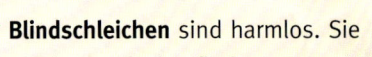

Blindschleichen sind harmlos. Sie tauchen recht häufig in unseren Wäldern auf. Die Blindschleiche sieht zwar aus wie eine Schlange, ist aber eine beinlose Echse.

Echte Schlangen gibt es bei uns selten. Vielleicht begegnet dir einmal eine Ringelnatter. Diese Schlangen können gut schwimmen. Aber auch vor einer Ringelnatter musst du keine Angst haben, wenn sie dir in einem See begegnet. Vermutlich flüchtet sie vor dir, weil sie ein sehr scheues Tier ist.

Insekten und Spinnentiere

Zecken sind keine Insekten, sie gehören zu den Spinnentieren. Sie leben im Wald, in Büschen, im Gestrüpp, in hohen Gräsern oder auf Wiesen. Wenn du an ihrem Schlupfwinkel vorbeikommst, lassen sie sich fallen und bleiben an deiner Kleidung oder Haut hängen. Dort suchen sie sich eine geeignete Stelle und saugen sich fest. Zecken können beim Blutsaugen gefährliche Krankheiten übertragen.

Du solltest dich daher gut vor einem Zeckenstich schützen. Trage in Wäldern und auf Wiesen am besten immer eine lange Hose und auch Socken. Prüfe vor dem Schlafengehen sorgfältig deine Kleidung und Haut. Solange sich Zecken nicht mit Blut vollgesaugt haben, sind sie winzig klein und nur schwer zur erkennen. Auf dem Foto siehst du rechts eine Zecke in normaler Größe, die linke Zecke hat sich bereits mit Blut vollgesaugt.

Achtung!

Besorge dir vor deinem Outdoor-Abenteuer in der Apotheke ein Anti-Zecken-Mittel und reibe dich damit gut ein. Falls sich trotzdem eine Zecke bei dir festgesetzt hat, benutze eine Zeckenkarte oder -zange, um sie vorsichtig abzulösen. Lass dir dabei am besten von einem Erwachsenen helfen! Der Kopf der Zecke darf nicht abgerissen werden! Bildet sich einige Tage nach dem Biss ein rötlicher Hof um die Stelle oder fühlst du dich krank, gehe sofort zum Arzt.

Bienen, Hummeln und Wespen stechen normalerweise nur, wenn sie sich bedroht fühlen. Lässt du sie in Ruhe und machst einen Bogen um ihren Stock oder ihre Nester, dann tun sie dir auch nichts. Wespen werden von Süßem angezogen, wie zuckerhaltigen Getränken, Süßigkeiten oder Kuchen. Isst oder trinkst du im Freien etwas Süßes, dann solltest du aufpassen, dass keine Wespe da ist.

Mücken sammeln sich gern an ruhigen Gewässern wie Seen, Wassertümpeln oder auch Wassergefäßen im Garten. Auch vor ihnen kannst du dich durch langärmlige Kleidung schützen. Nutze ein Mittel zur Mückenabwehr und reibe dich damit ein. Kratz einen Mückenstich nicht auf, er könnte sich entzünden.

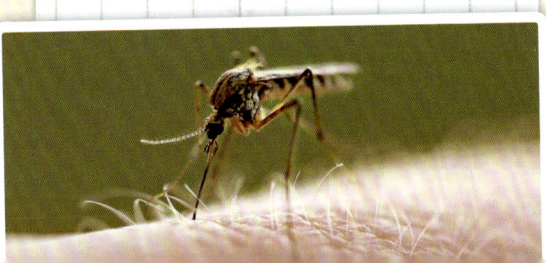

Gefahren am Meer

X Schütze dich am Meer gut vor Sonnenbrand. Benutze wasserfeste Sonnencreme. Zieh beim Schnorcheln ein T-Shirt an, denn die UV-Strahlung ist dicht unter der Wasseroberfläche besonders hoch.

X Hüte dich vor Quallen. Sie tragen Nesselzellen, von denen einige höllisch brennen, wenn sie deine Haut berühren. Da es nicht ganz einfach ist, gefährliche und ungefährliche Quallenarten voneinander zu unterscheiden, berühre am besten keine von ihnen.

X Fasse auch keine toten Quallen am Strand an! Sie haben vielleicht noch aktive Nesselzellen. Falls es doch einmal auf der Haut brennt, wasche die Stelle schnell mit Meerwasser ab (nicht mit Süßwasser!), leg ein Tuch darauf, damit das Gift aufgesaugt wird und geh sofort zum Arzt.

X Zieh feste Schuhe an, wenn du auf Felsen am Meer umherkletterst oder über felsigen Grund ins Wasser gehst. So kannst du dich weder an spitzen Steinen verletzen noch in einen See-igel treten, der häufig zwischen den Felsen sitzt. Die spitzen Seeigelstacheln tun sehr weh! Falls du barfuß in einen Seeigel getreten bist, musst du sofort zum Arzt!

X Wandere nie allein durchs Watt und auch in einer Gruppe immer nur bei Ebbe! Erkundige dich vorher, wann Ebbe und wann Flut ist. Besorge dir einen Gezeitenkalender, da stehen alle Zeiten genau drin.

Gefahren an Binnengewässern

X Schwimmst du in einem See, dann pass auf mögliche Schlingpflanzen auf. Achte auf Warnschilder, die am Seeufer stehen, und schwimme nicht in Uferbereiche, in denen lange Pflanzen ins Wasser ragen oder oben auf dem Wasser schwimmen. Du könntest dich in ihnen verfangen.

X In Flüssen darfst du nicht schwimmen. Beachte unbedingt die Warnschilder! Auch wenn der Fluss flach scheint und nicht gefährlich aussieht, gibt es überraschende Strömungen, die man von außen nicht sieht. Strömungen sind sehr gefährlich, denn sie können dich vom Ufer wegtreiben.

X Durch vorbeifahrende Schiffe kann in Ufernähe ein gefährlicher Sog entstehen. Wo der Grund zur Fahrrinne steil abfällt, kannst du plötzlich den Boden unter den Füßen verlieren. Halte dich **niemals** in solchen Bereichen auf.

Achtung!

Geh nur dort schwimmen, wo es ausdrücklich erlaubt ist! Schwimme nie allein und immer nur in Begleitung eines Erwachsenen.

86

Gefahren im Gebirge

In den Bergen kann das Wetter schnell umschlagen. Eben hat noch die Sonne geschienen, da regnet es auch schon. Und wenig später scheint vielleicht wieder die Sonne. Sei für solche Wetterwechsel gerüstet. Gehe niemals allein in den Bergen auf Tour! Bevor du mit einer Gruppe ins Gebirge aufbrichst, musst du unbedingt den Wetterbericht hören. Ist schlechtes Wetter angesagt, verschiebe die Tour. Was im Tal harmlos erscheint, kann dich im Gebirge in eine lebensbedrohliche Situation bringen.

Gewitter können in den Bergen sehr gefährlich sein, da es weniger Unterstellmöglichkeiten gibt und sich die Gewitter lange halten. Wenn ein Gewitter heranzieht, darfst du nicht mehr höher hinaufsteigen. Steige sofort ins Tal ab!
Halte notfalls Ausschau nach einem sicheren Unterschlupf, etwa einer Höhle. Beachte auch die Hinweise zum Gewitter auf der nächsten Seite.

Achtung, Lawinen!

Wenn du in den Bergen im Schnee unterwegs bist, dann bleib unbedingt auf den markierten Wegen. Gehe niemals einfach querfeldein. Es könnten sich Schneemassen lösen und ins Rutschen kommen. Sie reißen alles mit sich, was sich ihnen in den Weg stellt, und begraben es unter sich. Informiere dich vor jeder Tour unbedingt über die Lawinengefahr. Halte dich nur in den Gebieten auf, die für den Wintersport freigegeben sind.

Denk dran!

✗ Im Gebirge musst du gut ausgerüstet sein. Feste Schuhe und die passende warme Kleidung sind sehr wichtig! In den Bergen kann es auch im Sommer sehr kalt werden.

✗ Halte dich vor Abgründen fern!

✗ Trittst du aus Versehen Steine los, rufe schnell nach unten: „Achtung, Steinschlag!". So können Wanderer unter dir rechtzeitig Schutz suchen.

Gefahren bei Gewitter

Wenn es sehr schwül ist und sich am Himmel dunkle Wolken zusammenbrauen, ist das ein Hinweis auf ein herannahendes Gewitter. Kommt plötzlich starker Wind auf, steht es dicht bevor. Hüte dich vor den Blitzen! Verlasse unbedingt die freie Natur und suche Schutz, am besten in einem festen Gebäude.

Was du unbedingt beachten musst

✗ Bei Gewitter darfst du dich niemals im oder nah am Wasser aufhalten.

✗ Stelle dich niemals unter frei stehende Bäume.

✗ Begib dich zu einem Punkt, der niedriger liegt als die Umgebung. Meide Berge oder Hügelkuppen.

✗ Meide das offene Gelände. Falls du auf freier Fläche von einem Gewitter überrascht wirst, suche dir eine Mulde oder eine Stelle, die tiefer liegt. Leg dich keinesfalls flach auf den Boden!

✗ Halte dich von Felsen und Felsüberhängen fern. Ein einschlagender Blitz könnte auf dich übergehen.

✗ Sicher sind Häuser und Autos. Notfalls suche mitten im Wald Schutz.

✗ Meide Holzhütten oder Heuschuppen. Sie könnten bei einem Blitzeinschlag in Brand geraten.

✗ Fasse bei Gewitter nichts aus Metall an, auch nicht dein Fahrrad.

Falls du von einem Gewitter auf freier Fläche überrascht wirst, musst du dich so verhalten: Geh in die Hocke und umschlinge die Beine mit den Armen. Leg den Kopf auf die Knie und mach dich ganz klein. Berühre mit den Händen nicht den Boden. Bleibe so, bis das Gewitter wieder abzieht.

Gefahren bei Sturm und Hagel

Halte dich bei stürmischem Wetter nicht draußen auf. Es können Gegenstände durch die Luft geschleudert werden. Suche Schutz in einem festen Gebäude und meide auf jeden Fall den Wald! Auch im Sommer kann es hageln, häufig in Verbindung mit einem Gewitter oder schwerem Regen. Hagel, starker Regen und Sturmböen können gefährlich sein. Suche unbedingt Schutz in einem festen Gebäude.

Was tun, wenn du dich verlaufen hast?

Was du unbedingt beachten musst

✗ **Die allerwichtigste Regel lautet: Ruhe bewahren!**

✗ **Dann schaust du dich um. Ist jemand in der Nähe, den du nach dem Weg fragen kannst?**

✗ **Entferne dich nicht weit von deinem Ausgangspunkt. Die anderen werden dich als Erstes hier suchen.**

✗ **Hast du ein Handy dabei, so rufe Verwandte oder Freunde an, die dir weiterhelfen können.**

✗ **Versuche mit einem Kompass oder einer Wanderkarte herauszufinden, wo du dich befindest.**

✗ **Falls du doch weitergehen möchtest, leg aus Steinen oder Hölzern eine Spur. So können andere deinen Weg nachverfolgen.**

Wenn du unterwegs Durst bekommst

Menschen können in Notfällen wochenlang ohne Nahrung auskommen, aber ohne Wasser wird es schon nach wenigen Tagen lebensbedrohlich. Nimm für dein Outdoor-Abenteuer unbedingt genug zu trinken mit und fülle deine Vorräte rechtzeitig auf. Erkundige dich vor deiner Tour, wo du Wasser nachfüllen kannst. Gerade wenn es heiß ist, musst du viel trinken. Frage notfalls bei einem Bauern oder in einer Siedlung nach, ob du deine Flasche mit Leitungswasser auffüllen kannst. Trinke niemals Meerwasser oder abgestandenes Wasser! Lies am besten nochmals auf Seite 36/37 nach, wie du unterwegs Wasser auffangen kannst.

89

Achtung, fremder Hund!

„Der will nur spielen!", rufen dir manche Hundebesitzer schon von Weitem entgegen, wenn ihr Hund auf dich zustürmt. In den meisten Fällen stimmt das auch, trotzdem solltest du vorsichtig sein.

Was du unbedingt beachten musst

- ✗ **Streichle niemals fremde Hunde.**
- ✗ **Laufe vor Hunden nicht davon. Bleib ruhig stehen oder gehe ganz langsam zurück. Meide hastige Bewegungen.**
- ✗ **Wenn der Hund vor dir steht, dann mach dich groß und sprich mit fester Stimme zu ihm. Du bist der Chef, das wird er merken.**
- ✗ **Meistens bellt der Hund, weil er Angst hat. Merke dir: Hunde, die bellen, beißen nicht.**
- ✗ **Ärgere keinen Hund, auch wenn er hinter einem Zaun ist.**

Vorsicht, Pferde!

Nicht nur Hunde, auch Pferde können beißen. Wenn du ein Pferd streicheln möchtest, dann lass es zuerst an deiner Hand schnuppern. Achte auf seine Signale: Wenn das Pferd die Ohren anlegt, mag es dein Streicheln nicht. Achtung, es könnte zuschnappen! Nähere dich einem Pferd niemals von hinten, sondern immer schräg von vorn. Denn es muss dich immer sehen können. Pferde sind sehr schreckhaft. Wenn sie nicht davongaloppieren können, schlagen sie aus.

Verhalten bei Waldbrand

Wenn es längere Zeit nicht geregnet hat, genügt manchmal eine einzige achtlos weggeworfene Zigarette oder ein glimmendes Streichholz, um einen Waldbrand auszulösen. Auch fliegende Glut von einem Lagerfeuer kann einen Brand verursachen. Achte deshalb unbedingt darauf, dass du dein Lagerfeuer immer richtig ausmachst. In einem trockenen Sommer ist es sogar verboten, im Wald mit offenem Feuer zu hantieren.

✗ Umgib deine Feuerstelle immer mit Steinen. So kann sich das Feuer nicht ausbreiten.

✗ Achte darauf, dass sich nichts Brennbares in der Nähe deines Feuers befindet.

✗ Lösche dein Lagerfeuer gründlich.

Falls du Rauch riechst oder du siehst, dass es brennt, verlasse sofort den Wald. Gehe keinerlei Risiko ein, sonst gerätst du möglicherweise in Lebensgefahr. Lass dein Zelt stehen, nimm nur schnell das Nötigste mit. Informiere die anderen und alarmiere rasch die Feuerwehr. Die Notrufnummer der Feuerwehr lautet **112**.

Die Feuerwehr will Folgendes von dir wissen:

✗ Wo ist es passiert?

✗ Was ist passiert?

✗ Wie viele Menschen sind betroffen?

✗ Wer bist du? (Nenne deinen Namen und die Adresse.)

✗ Warte unbedingt auf Rückfragen. Leg nicht einfach auf!

Achtung!

Ein Feuer breitet sich immer mit dem Wind aus. Bring dich in Sicherheit, indem du schräg mit dem Wind läufst. So entfernst du dich vom Feuer. Halte einen angefeuchteten Finger in die Luft: Der Wind kommt von dort, wo es kälter ist.

ERSTE HILFE

BEI VERLETZUNGEN

Was tun im Notfall?

Wenn du dich unterwegs verletzt, ist meist nicht direkt ein Arzt zur Stelle. Deshalb solltest du bei kleineren Verletzungen wissen, wie du dir im Notfall selbst hilfst. Wenn du nicht weiter weißt, hole schnell die Hilfe eines Erwachsenen! Gerate bei einem Unfall aber nicht in Panik. Wichtig ist es, ruhig zu bleiben. Falls jemand aus deiner Gruppe einen Unfall hat, dann versuche, auch ihn erst einmal zu beruhigen. Dann müsst ihr zusammen entscheiden, ob ihr euch selbst helfen könnt oder zu einem Arzt müsst.

Erste-Hilfe-Set

Dieses Erste-Hilfe-Set solltest du bei jedem Outdoor-Abenteuer dabeihaben.
Verpacke alles in einer kleinen, wasserfesten Dose und verstaue es in deinem Rucksack.

 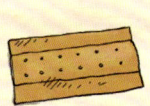  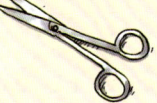 

Mullbinde   Pflaster   Desinfektionsmittel,   eine Schere   Sicherheitsnadeln
z. B. Jodlösung
(gibt es in der Apotheke)

 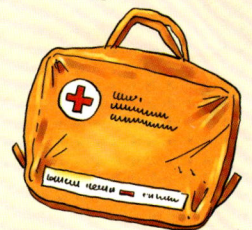

Pinzette

Schnelle Hilfe bei Verletzungen

Blasen an den Füßen

Am besten klebst du dir gleich beim ersten Scheuern ein Pflaster auf die Stelle. Trage unterwegs eingelaufene und keinesfalls zu enge Schuhe. Zieh in den Schuhen immer Socken an, damit nichts scheuert.

Splitter in der Haut

Entferne einen Splitter vorsichtig mit einer spitzen Pinzette. Lass dir, wenn möglich, dabei von einem Erwachsenen helfen.

Schürf- und Schnittwunden

Eine Schürfwunde tupfst du vorsichtig mit einem sauberen Tuch trocken. Desinfiziere die Wunde mit etwas Jodlösung und klebe dann ein Pflaster auf. Bei einer Schnittwunde gehst du genauso vor. Schnittwunden weisen glatte Ränder auf. Damit sie nicht auseinanderklaffen, drückst du beide Wundränder mit dem Pflaster zusammen. Ist die Wunde aber sehr breit und tief und hört nicht auf zu bluten, versorge sie mit einer Mullbinde und geh so schnell wie möglich zum Arzt.

Denk dran!
Lass regelmäßig deine Tetanus-Impfung auffrischen!

Kleinere Verbrennungen

Halte die betroffene Stelle sofort unter kaltes Wasser, am besten 5 Minuten lang. Kühlen ist das Allerwichtigste bei einer Verbrennung! Nimm zur Not Wasser aus deiner Trinkflasche. Bei größeren Verbrennungen musst du sofort zum Arzt! Trage vorher nichts auf die Wunde auf, keine Salben und kein Öl.

Insektenstiche

Stiche von Wespen oder Bienen tun zwar weh, sie sind aber nicht gefährlich. Allergiker müssen allerdings aufpassen und immer die passenden Medikamente dabeihaben. Bienen lassen beim Stechen ihren Stachel zurück. Zieh ihn vorsichtig mit einer Pinzette heraus. Wespen hinterlassen keinen Stachel in der Haut. Insektenstiche solltest du immer gut kühlen!

Verstauchungen

Verstauchst du dir den Fuß oder den Knöchel, solltest du ihn sofort kühlen. Hast du einen Kühlpack (gibt es in Kaufhäusern und Drogerien) dabei, leg ihn für eine Weile auf den verstauchten Knöchel. Manchmal ist es nicht einfach, zu unterscheiden, ob etwas verstaucht oder gebrochen ist. Gehe im Zweifelsfall immer zum Arzt!

Sonnenstich

Schütze dich immer gut vor der Sonne. Am besten hältst du dich weitgehend im Schatten auf, trägst eine Sonnenkappe oder einen Sonnenhut und cremst dich gut mit einem Sonnenschutzmittel ein. Meide bei großer Hitze anstrengende Touren und laufe nicht in der Mittagshitze. Suche mittags einen schattigen Platz auf.

Bei einem Sonnenstich bekommt man starke Kopfschmerzen und der Kopf fühlt sich heiß an. Dem Betroffenen ist schwindelig und sicher auch übel. Er muss schnell in den Schatten gebracht werden und sich dort ausruhen. Kühle seinen Kopf mit einem feuchten Tuch. Biete ihm etwas Kaltes zu trinken an.

Sonnenbrand

Vermeide einen Sonnenbrand, indem du dich gut mit einem Sonnenschutzmittel eincremst und die pralle Sonne meidest. Besonders gefährdet sind die Schultern, der Nacken und der Nasenrücken. Ein leichter Wind täuscht schnell darüber hinweg, wie kräftig die Sonne scheint. Wenn es doch passiert: Kühle die Stelle! Wenn du eine Packung Quark dahast, ist er ein gutes Mittel gegen Sonnenbrand. Einfach eine dicke Schicht Quark auf die Stelle auftragen, das kühlt. Später die Quarkschicht mit lauwarmem Wasser abspülen und das Ganze bei Bedarf wiederholen.

Offene Wunde

Tupfe die Wunde vorsichtig mit einem sauberen Tuch trocken und trage Jodlösung zum Desinfizieren auf. Dann bedeckst du sie mit einer Mullbinde. Bei größeren Wunden musst du unbedingt sofort zum Arzt!

Waldläuferzeichen

Geradeaus

Wendet euch
nach rechts

Weggabelung

Wegende/
falscher Weg

Spielende/bin nach
Hause gegangen

Freunde/Spielende/
Ende der Botschaft

Feinde/Beginn des
Spiels/Anfang der
Botschaft

Briefbotschaft

Lagerplatz in
dieser Richtung

Trinkwasser

Badestelle

Morsealphabet

Buchstabe		Morse-Merkregel
A	• —	= AN-TON
B	— • • •	= BO-DEN-BE-LAG
C	— • — •	= CO-CA-CO-LA
D	— • •	= DORF-KIR-CHE
E	•	= EIS
F	• • — •	= FELD-KA-NO-NE
G	— — •	= GROSS-GLOCK-NER
H	• • • •	= HA-SEN-ZÜCH-TER
I	• •	= I-DA oder I-NES
J	• — — —	= JA-WOHL-O-DOL
K	— • —	= KLOS-TER-HOF oder KOM-MAN-DO
L	• — • •	= LI-MO-NA-DE oder LIM-BO-TÄN-ZER
M	— —	= MOT-TO oder MO-TOR

Buchstabe		Morse-Merkregel
N	— •	= NOR-DEN
O	— — —	= OS-LO-OST
P	• — — •	= PER-MO-TOR-RAD
Q	— — • —	= QUOLS-DORF-BEI-FORST
R	• — •	= RE-VOL-VER oder RE-VOL-TE
S	• • •	= SEE-I-GEL oder SEE-PFERD-CHEN
T	—	= TORF, TON, TOM, TOLL, TOR
U	• • —	= U-NI-FORM oder U-NI-ON
V	• • • —	= VEN-TI-LA-TOR
W	• — —	= WIND-MO-TOR
X	— • • —	= OH-NE-MERK-WORT
Y	— • — —	= YORK-BEBT-VOR-ZORN
Z	— — • •	= ZOLL-VOR-STE-HER

Bildnachweis

Umschlagmotive: Vorderseite: Fotolia.com: © ArchMen, © inka schmidt, © Twinkie Artcat, © picsfive, © Image Source IS2, © S.Kobold, © JiSIGN, © Oliver Klimek, © Laschi, © vectorace, © tom; Corinna Weis (Hintergrund); Rückseite: Fotolia.com: © JiSIGN, © vectorace, © Twinkie Artcat, © Image Source IS2, © Emin Ozkan, © picsfive, © iceteaimages, © Lesiay, © Alexander Bryljaev, © Laschi; Corinna Weis (Stempel und Hintergrund)

Innenteil: Fotolia.com: 6 © Miredi, 7 © Sergey, 10 © Sergej Seemann, 12 © Tom Bayer, 14 © imag013, 18 o. © mahey, 18 (2. v. o.) © amphibol, 18 M. © Igor Tarasov, 18 u. © irochka, 20 o. © Marjan Veljanoski, 20 u. © LianeM, 21 © Harald Biebel, 23 © Kokhanichikov, 25 u. © Tyler Olson, 29 u. © mkrberlin, 30 o. © gekaskr, 30 u. © Cult12, 31 © JWS, 33 © contrastwerkstatt, 35 o. © Valeriy Kirsanov, 36 o. © remar, 36 u. © Phase4Photography, 38 o. © alexnika, 38 u. © Markus Bormann, 39 © Fotofreundin, 41 o. © Photonz, 41 M. © S.Kobold, 41 u. © babsi_w, 43 l. © wiw, 43 r. © Harald Lange, 44 © Herby (Herbert) Me, 45 o. © konstan, 45 u. © djama, 49 o. © Luftbildfotograf, 49 u. © Marina Lohrbach, 50 © Mirek, 51 © Gyula Gyukli, 53 © Henner Dahmke, 54 o. © philipk76, 56 o. © VisualStock, 68 o. © somenski, 68 u. © carlos101, 71 o. © Wolfgang Kruck, 71 M. © Martin Schlecht, 71 u. © Matthias Gruel, 74 © Markus Bormann, 76 o. © focus finder, 76 M. © Andreas, 76 u. © M.R. Swadzba, 82 © Peter Schlauderer, 83 © Astrid Gast, 84 r. © falke100, 84 l. © isarpic, 85 o. © Carola Schubbel, 85 u. © pp77, 86 © Eric Limon, 87 © cruelboy, 89 © somenski, 90 © galgoczygabriel, 91 © pegasusart, 94 © S.Kobold, alle Übrigen: © Laschi, © Twinkie Artcat, © vectorace, © inka schmidt, © Lesiay, © Wichittra Srisunon; Corinna Weis; Vor- und Nachsatz © Picture-Factory; mauritius images, Mittenwald: 5, 18 (2. v. u.), 22 o., 22 u., 25 o., 27, 32, 35 u., 48, 54 u., 61, 56 u., 59, 67, 58, 65, 72, 95

Illustrationen: Olav Mahrarens: 11 M., 16 u., 17 o., 29, 32, 64f.; Gerlinde Keller: 78 o. (Reh), 78 M. (Hirsch), 80 M.; alle Übrigen: Hendrik Kranenberg

© Naumann & Göbel Verlagsgesellschaft mbH

Emil-Hoffmann-Straße 1

D–50996 Köln

Text: Regine Bering

Redaktion: Susanne Kuhn

Gesamtherstellung: Naumann & Göbel Verlagsgesellschaft mbH, Köln

Alle Rechte vorbehalten

ISBN 978-3-625-13643-9